知ってトクする 定年後のライフプラン

一般社団法人全国優良仏壇専門店会　監修
柴崎照久・澤井昭寛・森本幸弘　著

セルバ出版

は じ め に

　世帯の核家族化が進み、老後の面倒は若い世代に託せるものではなくなりました。老後の問題は自ら考え決断し行動しなければならない時代となりました。定年後の生活資金の問題も自らの責任で解決しなければならない時代になったのです。
　おりしも、東日本大震災が起こり、誰しも死を身近なものとして意識するようになりました。

　本書は、定年前後からの人生設計を考える上で知っておいていただきたいことを、「年金収入を基本としたマネープラン」、「介護などの生活を支援する諸制度及び遺言などの制度」と「葬儀・仏壇・お墓」など死後に関連する事柄の3つに大別し、知っておいて役立つ情報・知識をできる限り網羅しています。
　企業のサラリーマンや公務員などの定年前後の方がご一読いただければ、次の1～3のようなことがご理解いただけることを念頭に本書を執筆した次第です。
1、定年前後のライフプランの考え方がわかる
2、知ってトクする老後を支えるいろいろな制度がよくわかる
3、人生の最期を迎えるにあたって是非考えておかなければならないことがよくわかる

　もちろん、定年後再雇用されたり就職される場合もありますが、何といっても主な収入は年金です。もちろん、もらえる年金の額は人によって違います。それこそ年金だけで毎月の生活費がまかなえる人もいますし、年金だけでは毎月の生活費に到底足りないという人もいるかもしれません。そのため、本書では、統計資料に基づき平均的家庭をベースに議論を進めています。
　また、第1章・第2章の内容の中には、各種制度の資格要件に関する記述が多く出てきますが、資格要件は規定に忠実であることが必要不可欠であるため、誰しもが理解しやすい内容表現となっているとは残念ながらいえま

せん。そのため、具体的に制度を利用される際には、申請窓口でよく確認されることをお願いします。

　さらに、第3章の内容は、自分が死んだ後のことだから自分には関係ないと思われる方もいらっしゃるでしょう。それでも本書で取り上げた理由は、高齢化に伴い定年前後の世代がまさにご両親を見送る時期と符合するようになったからです。
　葬儀を執り行ったり、その後の供養やお墓のことなどは、残された遺族の務めです。葬儀屋さんなどの教えどおりに進めれば滞りなくできるともいえるのですが、やはり予備知識を事前に持っておいたほうがいいのでは、と思うからです。

　なお、本書の内容は平成24年8月現在の制度の内容に基づいています。制度の内容は、状況に応じて変更されることがあります。実施にあたっては申請窓口・専門家などのアドバイスを受けて遺漏のないようにされることをお勧めします。
平成24年8月

筆者一同

知ってトクする定年後のライフプラン　目次

はじめに

第1章　マネープラン

1　老後の収入
- (1)　公的年金の概要 ……………………………………………… 12
- (2)　年金受給資格 …………………………………………………… 12
- (3)　年金受取額の計算 …………………………………………… 16
- (4)　特別支給の老齢厚生年金はおトク ……………………… 17
- (5)　老齢基礎年金の繰上げ支給・繰下げ支給 …………… 19
- (6)　加給年金と振替加算 ………………………………………… 21
- (7)　年金受取額を増やす方法 …………………………………… 23
- (8)　厚生年金基金 …………………………………………………… 25
- (9)　老後の収入を増やすには …………………………………… 29
- (10)　失業保険をもらう …………………………………………… 35

2　年金請求手続
- (1)　年金請求の手続はセルフ方式 ……………………………… 39
- (2)　年金の受給権の発生する日 ………………………………… 40
- (3)　年金請求手続の準備 ………………………………………… 41
- (4)　請求前の準備 …………………………………………………… 41
- (5)　年金請求窓口 …………………………………………………… 43
- (6)　厚生年金基金の請求手続 …………………………………… 44
- (7)　雇用保険と老齢厚生年金の調整手続 …………………… 46
- (8)　雇用保険の失業手当を受ける場合 ………………………… 46
- (9)　ねんきん定期便 ……………………………………………… 47
- (10)　年金をもらい忘れてしまう事例とは …………………… 48
- (11)　年金受給権の時効 …………………………………………… 51

3 老後の家計収支について考える
- (1) 老後の生活費⋯⋯⋯⋯⋯⋯⋯⋯⋯⋯⋯⋯⋯⋯⋯⋯⋯⋯⋯ 52
- (2) 老後の生活費の目安⋯⋯⋯⋯⋯⋯⋯⋯⋯⋯⋯⋯⋯⋯⋯ 53
- (3) 定年後の収入⋯⋯⋯⋯⋯⋯⋯⋯⋯⋯⋯⋯⋯⋯⋯⋯⋯⋯ 54
- (4) 高齢者の貯蓄残高はどのくらい⋯⋯⋯⋯⋯⋯⋯⋯⋯ 56
- (5) 老後の生活への不安がある⋯⋯⋯⋯⋯⋯⋯⋯⋯⋯⋯ 57
- (6) 老後の生活への不安を解消するには⋯⋯⋯⋯⋯⋯⋯ 58
- (7) 老後のマネープランを具体的に考える⋯⋯⋯⋯⋯⋯ 60
- (8) 家計収支が不足する場合にまず考えるべきこと⋯⋯ 63

4 年金・貯蓄で老後に備えるのが基本
- (1) 老後の生活への備えは自助努力⋯⋯⋯⋯⋯⋯⋯⋯⋯ 64
- (2) 準備した貯蓄はいつから使い始める⋯⋯⋯⋯⋯⋯⋯ 65
- (3) 老後の生活資金の準備はどうする⋯⋯⋯⋯⋯⋯⋯⋯ 66
- (4) 老後の生活への経済準備は充足されているか⋯⋯⋯ 67

5 不意の出費も意識する
- (1) 急な出費にも備える心構えが大事⋯⋯⋯⋯⋯⋯⋯⋯ 69

6 子どもに資産を残す
- (1) いくらぐらい遺産を残したいか⋯⋯⋯⋯⋯⋯⋯⋯⋯ 70
- (2) 財産は誰のために残す⋯⋯⋯⋯⋯⋯⋯⋯⋯⋯⋯⋯⋯ 71

7 資金運用
- (1) 安全第一を考える⋯⋯⋯⋯⋯⋯⋯⋯⋯⋯⋯⋯⋯⋯⋯ 73
- (2) 資産3分法⋯⋯⋯⋯⋯⋯⋯⋯⋯⋯⋯⋯⋯⋯⋯⋯⋯⋯ 74
- (3) 代表的な金融商品⋯⋯⋯⋯⋯⋯⋯⋯⋯⋯⋯⋯⋯⋯⋯ 75
- (4) 目標とすべき運用収入⋯⋯⋯⋯⋯⋯⋯⋯⋯⋯⋯⋯⋯ 78

8 生命保険を見直す
(1) 現在加入の生命保険の確認と見直し　　80
(2) 生命保険は「組合せ」型が多い　　82
(3) 生命保険見直しの必要性　　82
(4) 生命保険の見直し方法　　83

第2章　定年後を支える制度

1 健康保険
(1) 国民皆保険制度　　86
(2) 定年後の健康保険はどうする　　86
(3) 選ぶ決め手は保険料　　89
(4) 70歳未満の医療保障　　89
(5) 70歳以上75歳未満の医療保障　　91
(6) 後期高齢者医療制度　　93

2 介護保険
(1) 介護保険と要介護認定　　96
(2) 介護保険の在宅サービス・施設サービス・地域密着型サービス　　99
(3) 高額介護（予防）サービス費　　101
(4) 高額医療・高額介護合算療養費　　102
(5) 介護施設　　103

3 高齢者向け住宅
(1) 持ち家を離れる可能性もある　　105
(2) 老人ホーム　　106
　　特別養護老人ホーム（介護老人福祉施設）

　　　　養護老人ホーム
　　　　軽費老人ホーム
　　　　認知症対応型共同生活介護施設（グループホーム）
　　　　有料老人ホーム
　　　　利用権方式の老人ホーム
　　　　賃貸借方式の老人ホーム
　(3)　サービス付き高齢者向け住宅························111
　(4)　シルバーハウジングプロジェクト··················111
　(5)　マイホーム借上げ制度······························ 112
　(6)　リバースモーゲージ································· 112
　(7)　住宅のリフォーム····································· 114
　(8)　住宅改修費支援制度································· 114
　(9)　生活福祉資金貸付制度······························ 114
　(10)　高齢者向け返済特例制度···························· 115
　(11)　その他の支援制度····································· 116

4　成年後見
　(1)　成年後見制度とは······································118
　(2)　法定後見制度··118
　(3)　法定後見手続··121
　(4)　任意後見制度··121
　(5)　成年後見登記制度······································122
　(6)　成年後見制度の問題点································123

5　遺言
　(1)　遺言がない場合の相続································124
　(2)　遺言のメリット···127
　(3)　遺言の種類···129

(4) 自筆証書遺言 129
　(5) 公正証書遺言 130
　(6) 自筆証書遺言には実務上問題がある 131
　(7) 遺留分にご注意を 132
　(8) エンディングノート 134
　(9) 遺言とエンディングノートは別々につくる 135
　(10) あなたにも相続税が課税されるかも 136

6　生前贈与
　(1) 暦年贈与 138
　(2) 暦年贈与の注意点 140
　(3) 相続時精算課税制度 142
　(4) 生命保険の活用 145

第3章　死後について考える

1　葬儀
　(1) 葬儀の意味と役割 148
　(2) 一般的な臨終から葬儀の流れ 149
　(3) 葬儀の打合せのポイント 158
　(4) 生前に葬儀社を決めておく 159
　(5) ホームページを見てみよう 162
　(6) 事前相談をして見積りを取る 166
　(7) 葬儀の実情と傾向 168
　(8) 新規参入 173
　(9) 費用の明瞭化 174

⑽　消費者の葬儀への満足度 ------------------------------- 176
　⑾　変化する葬儀概念 ------------------------------------- 178

2　法要
　⑴　初七日法要から四十九日法要 --------------------------- 180
　⑵　百か日以降の法要 ----------------------------------- 183
　⑶　法要でのその他の注意点 ------------------------------- 185
　⑷　法要での服装 --------------------------------------- 188

3　仏壇・仏具
　⑴　仏壇の種類 --- 189
　⑵　仏壇の購入 --- 191
　⑶　仏具 --- 192
　⑷　仏壇のまつり方 ------------------------------------- 193
　⑸　位牌 --- 195
　⑹　仏壇の管理、日常の供養 ------------------------------- 197

4　お墓
　⑴　墓地の種類 --- 198
　⑵　墓地の選び方のポイント ------------------------------- 199
　⑶　お墓を建てる --------------------------------------- 200
　⑷　お墓参りと手入れ ----------------------------------- 202
　⑸　新しい埋葬方法と供養方法 ----------------------------- 203
　⑹　墓を供養する者の気持ちも考える ----------------------- 206

参考文献 --- 206
一般社団法人全国優良仏壇専門店会加盟店 ------------------- 207

第1章　マネープラン

1　老後の収入
2　年金請求手続
3　老後の家計収支について考える
4　年金・貯蓄で老後に備えるのが基本
5　不意の出費も意識する
6　子どもに資産を残す
7　資金運用
8　生命保険を見直す

1　老後の収入

(1)　公的年金の概要

退職後に受け取る公的年金

　老後の収入となると、やはり年金が中心となる人が多いでしょう。

　年金には、民間の保険会社の個人年金もありますが、多くの場合、厚生年金や共済年金（公務員など）に代表される公的年金で生計を立てることになります。

　退職後に受け取る公的年金は、加入期間（月数）に比例して決定される「老齢基礎年金」部分と、在職中の給料の平均額や加入期間に比例して決定される「老齢厚生年金」や「退職共済年金」部分の合計額となります。

　老齢基礎年金は、サラリーマンや公務員を含むすべての国民が加入しなければならない年金制度で、自営業者などの場合には、一般的に国民年金と呼ばれています。

公的年金の基本的な仕組み

　老後の生活設計を立てる場合、実際にもらえる公的年金の額がわからないと何も始まりません。そのためには、まず公的年金の基本的な仕組みを知る必要があります。

(2)　年金受給資格

老齢基礎年金の受給資格

　まずは、自分の年金の受給資格を確認していきましょう。国民年金は、原則65歳から受給できます。

　なお、国民年金の受給資格は、図表2のとおりです。

【図表1　公的年金の種類】

年金制度名称 / 項目	国民年金	厚生年金	共済年金
加入する人は	自営業者や20歳以上の学生等	サラリーマン等、国民年金も加入	公務員や教員等、国民年金も加入
被保険者本人が支払う保険料は	月額14,980円（平成24年度価額）	年間総収入から、約16.5%を会社・本人で折半	共済組合ごとに保険料率が異なる
保険料の支払期間は	原則として、20歳〜60歳に達するまでの40年間	会社在籍中、被保険者である期間（最長70歳まで）	公務員等在職中、組合加入者である期間
老後に受け取れる年金の内容	老齢基礎年金	老齢基礎年金＋老齢厚生年金	老齢基礎年金＋退職共済年金
老後に受け取る年金の名称	老齢基礎年金	老齢厚生年金	退職共済年金
もらえる年金の額（年額）は	最高78万6,500円、加入期間によって異なる	150万円〜250万円くらいの人が多い	160万円〜270万円くらいの人が多い
何歳からもらえるのか（支給開始年齢）	65歳から一生涯	原則65歳から。経過措置により、現在は60歳から年金の一部が支給される。今後、段階的に支給開始年齢が65歳まで引き上げられる。	原則65歳から。経過措置により、現在は60歳から年金の一部が支給される。今後、段階的に支給開始年齢が65歳まで引き上げられる。
支給開始時期の変更は	60歳から繰上げ、70歳まで繰下げ可能	60歳から繰上げ、70歳まで繰下げ可能	60歳から繰上げ、70歳まで繰下げ可能
物価変動に、年金が対応しているか	対応している（スライド率は、0.978）	対応している（スライド率は、0.978）	対応している（スライド率は、0.978）
お問合せ先	日本年金機構（年金事務所及び年金相談センター）市区町村役場	日本年金機構（年金事務所及び年金相談センター）	共済組合の本部・支部

　この条件を満たせば老齢基礎年金を受け取ることができます。逆に加入期間が1か月でも満たない場合は、年金を受け取ることができません。

【図表2　老齢基礎年金の受給資格】

老齢基礎年金の受給資格
- ① 国民年金の保険料を納めた期間と厚生年金・共済年金の加入期間の合計が25年以上あること。
- ② 各年金制度の加入期間を合計しても25年ないときは、保険料免除期間やカラ期間を含めて、25年以上あること。

　20歳から60歳に達するまでの40年間（480か月）、1か月も滞らず保険料を納めた人の老齢基礎年金の額は、満額の78万6,500円（平成24年度価額）になります。

保険料免除期間とは

　保険料免除期間とは、第1号被保険者（国民年金のみ加入している人）が、保険料を納めることが経済的に困難な場合に、本人が市区町村に申請手続をし承認を受けると、保険料の納付が免除または猶予されるという制度により、その承認を受けている期間のことです。

カラ期間とは

　カラ期間とは、老齢厚生年金の受給資格期間としてはみなされますが、年金額には反映しない期間のことです。図表3に記載しているものが主なものです。

【図表3　カラ期間の主なもの】

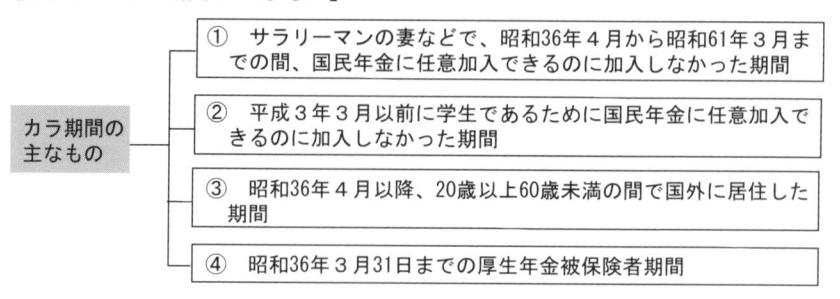

カラ期間の主なもの
- ① サラリーマンの妻などで、昭和36年4月から昭和61年3月までの間、国民年金に任意加入できるのに加入しなかった期間
- ② 平成3年3月以前に学生であるために国民年金に任意加入できるのに加入しなかった期間
- ③ 昭和36年4月以降、20歳以上60歳未満の間で国外に居住した期間
- ④ 昭和36年3月31日までの厚生年金被保険者期間

被用者年金制度の加入期間の特例

　また、図表4に該当する人は、生年月日によっては、受給資格要件の特例（期間の短縮）が受けられる場合があります。

昭和31年4月1日以前に生まれた人は、生年月日に応じて、被用者年金制度（厚生年金保険、船員保険の被保険者期間、共済組合の組合員期間など）の加入期間が図表4の期間以上であれば、老齢基礎年金を受け取ることができます。

【図表4　被用者年金制度の加入期間の特例】

生　年　月　日	期　間
昭和27年4月1日以前	20年
昭和27年4月2日～昭和28年4月1日	21年
昭和28年4月2日～昭和29年4月1日	22年
昭和29年4月2日～昭和30年4月1日	23年
昭和30年4月2日～昭和31年4月1日	24年
昭和31年4月2日以後	25年以上

厚生年金保険の中高齢者の特例

　昭和26年4月1日以前に生まれた人は、男性40歳（女性35歳）以降に図表5に記載の期間以上に厚生年金保険の加入期間があれば、年金を受け取ることができます。

【図表5　厚生年金保険の中高齢者の特例】

生　年　月　日	期　間
昭和22年4月1日以前	15年
昭和22年4月2日～昭和23年4月1日	16年
昭和23年4月2日～昭和24年4月1日	17年
昭和24年4月2日～昭和25年4月1日	18年
昭和25年4月2日～昭和26年4月1日	19年

　注：ただし、共済組合の組合員期間は含みません。

　さらに、厚生年金保険加入者や、共済年金加入者は老齢基礎年金の受給資格を満たしており、厚生年金保険や共済年金にそれぞれ1か月以上加入していれば、老齢基礎年金に上乗せして老齢厚生年金（厚生年金加入者）、退職共済年金（共済年金加入者）が受け取れます。

(3) 年金受取額の計算

老齢基礎年金の受取額

　老齢基礎年金は国民年金の加入期間に応じて年金受取額が計算されます。前にも述べたとおり、国民年金を20歳から60歳まで40年間（480か月）すべて支払った場合に受給できる金額は、年額78万6,500円（平成24年度価額）となります。

　月額では、6万5,000円ほどになります。この金額から介護保険料などが天引されますので、実際の受取額は、これより少なくなります。

　また、加入期間が1年減るごとに、受け取る老齢基礎年金の年額が約2万円減額されます。

老齢厚生年金の受取額

　老齢厚生年金の受取額は「厚生年金に加入中の給与の平均額」×「生年月日に応じた支給乗率」×「厚生年金の加入期間」をもとに計算をします。

　これらの計算はとても複雑なため、なかなか自分では計算は難しいと思います。

　お近くの年金事務所や年金相談センターにて、将来受け取れる年金の見込額を教えてもらうことができます。

　50歳以上などの所定の条件を満たせば、日本年金機構のホームページや同ねんきんダイヤルで、年金見込額の試算申込が可能で、試算結果は後日自宅に郵送されます。時間のない人は活用してください。

将来受け取ることができる年金の見込額

　ここでは平均的なモデル（サラリーマンの夫と専業主婦の妻）の将来受け取ることができる年金の見込額を確認したいと思います。

> 例：昭和22年生まれの既婚男性、40年間勤務（厚生年金保険加入）のサラリーマンで、平均月収が35万円・平成15年4月以降の平均年間賞与60万円の人の場合（平成15年4月以降は賞与にも厚生年金保険料がかかるようになりました）

> このモデルの男性の場合、65歳以降にもらえる老齢厚生年金の月額は約17万円です。この17万円の月額の中には老齢基礎年金も含んだ金額となります。この17万円から介護保険などが引かれますので、実際の受取額はこれより少なくなります。

専業主婦である妻の年金見込額

次に、専業主婦である妻の年金見込額を確認してみましょう。サラリーマンの妻は自分では国民年金保険料を納めていません。しかし、サラリーマンの夫の扶養に入ることで、国民年金の保険料が免除される第3号被保険者になります。

国民年金の保険料は免除されますが、国民年金に加入していることになっています。専業主婦の妻が加入期間25年以上を満たしていれば、もちろん老齢基礎年金を受け取ることができます。

加入期間が40年（480か月）であれば、妻も月額で約6万5,000円を受け取れます。ここから介護保険などが差し引かれますので、同様に実際の受取額はこれより少なくなります。

モデル夫婦（サラリーマンの夫と専業主婦の妻）の場合の収入

つまり、このモデル夫婦（サラリーマンの夫と専業主婦の妻）の場合、サラリーマンの夫の17万円と専業主婦の妻の6万5,000円の合計23万5,000円から介護保険料などを引いた約22万円がこの夫婦世帯の月額の年金収入となります。

(4) 特別支給の老齢厚生年金はおトク

特別支給の老齢厚生年金の受給資格要件

通常は、厚生年金の被保険者期間があって、老齢基礎年金を受けるのに必要な資格期間を満たした人が65歳になったときに、老齢基礎年金及び老齢厚生年金が支払われます。

ただし、当分の間は、60歳以上で、図表6のとおり、2つの受給資格要件を満たしている人には65歳になるまで、特別支給の老齢厚生年金が支給

【図表6　特別支給の老齢厚生年金の受給資格要件】

特別支給の老齢厚生年金の受給資格要件
- ① 老齢基礎年金を受けるのに必要な資格期間を満たしていること
- ② 厚生年金の被保険者期間が1年以上あること

されます。

特別支給の老齢厚生年金は60歳からもらっても減額されない

　特別支給の老齢厚生年金は、もともと公的年金の支給が始まる年齢が60歳とされていたことから、経過措置として支給されるものです。したがって、特別支給の老齢厚生年金を受給したとしても、通常の年金受給額が減額されることはありません。

【図表7　特別支給の老齢厚生年金の支給開始年齢】

① 定額部分
（女性の場合）

生　年　月　日	支給開始年齢
昭和21年4月1日以前	60歳
昭和21年4月2日〜昭和23年4月1日	61歳
昭和23年4月2日〜昭和25年4月1日	62歳
昭和25年4月2日〜昭和27年4月1日	63歳
昭和27年4月2日〜昭和29年4月1日	64歳

　男性の場合、すでに対象となる人はいません。女性は昭和29年4月2日生まれの人からは、報酬比例部分のみの額となります。

② 報酬比例部分
（男性の場合）

生　年　月　日	支給開始年齢
昭和28年4月1日以前	60歳
昭和28年4月2日〜昭和30年4月1日	61歳
昭和30年4月2日〜昭和32年4月1日	62歳
昭和32年4月2日〜昭和34年4月1日	63歳
昭和34年4月2日〜昭和36年4月1日	64歳

(女性の場合)

生　年　月　日	支給開始年齢
昭和33年4月1日以前	60歳
昭和33年4月2日～昭和35年4月1日	61歳
昭和35年4月2日～昭和37年4月1日	62歳
昭和37年4月2日～昭和39年4月1日	63歳
昭和39年4月2日～昭和41年4月1日	64歳

　特別支給の老齢厚生年金の金額は、報酬比例部分と定額部分を合わせた金額になりますが、昭和16年(女性は昭和21年)4月2日以降生まれの人から、定額部分の支給開始年齢が引き上げられます。

(5)　老齢基礎年金の繰上げ支給・繰下げ支給

老齢基礎年金の繰上げ支給

　老齢基礎年金(国民年金)の支給開始は、原則として65歳からですが、請求すれば、受給開始を60～64歳の間で、1か月単位で繰上げ支給を受けることができる制度があります。これを老齢基礎年金の繰上げ支給といいます。

繰上げ支給を一度選択すると一生涯にわたって続く

　当然ですが、受給金額は本来支給開始の65歳からに比べて、低くなってしまいます。

　どの程度低くなるかの割合ですが、1か月繰上げごとに、本来の受給額より0.5％減になります。

　例えば、最大の60か月繰り上げると、受給額は30％(0.5％×60＝30％)減となります。

　また、繰上げ支給を一度選択すると、この減額された受給額が一生涯にわたって続きます。

　繰上げ支給を請求する時点で生活がかなり苦しい場合などを除いて、この繰上げ支給はなるべく避けるほうが賢明です。

損益分岐点は約76歳

繰上げ支給を選択した場合と、本来の65歳から支給を受けた場合とを比べた損益分岐点は約76歳になります。

つまり、76歳以上まで生存する場合は繰上げ支給せずに、本来の65歳から受給する人のほうが総受給額は多くなります。

逆に、76歳以前に死亡する場合であれば、繰上げ支給を選択したほうが結果的には有利だということになります。

繰上げ支給を選択したら、障害基礎年金をもらえない

繰上げ支給を選択するときには、特に注意しなければならない点があります。繰上げ支給を選択した後、重い障害状態になっても障害基礎年金をもらうことができないということです。

繰下げ支給

繰上げ支給とは反対に、65歳からもらえる老齢基礎年金を66歳以降に繰り下げて遅くもらうこともできます。66歳以降は1か月単位で選択でき、最長70歳まで繰り下げることができます。

1か月繰り下げるごとに本来の受給額より0.7％増になります。70歳支給の場合、65歳からの本来の支給額より42％増の142％になります。

繰下げ支給を請求したほうが賢明

繰下げ受給を選択した場合と、本来の65歳から受給を受けた場合の損益分岐点は、82歳くらいになります。65歳時に存命中の男性の平均死亡年齢は83歳です。確率的には、繰下げ支給を請求したほうが賢明だといえるかもしれません。

老齢厚生年金でも同様の制度がある

老齢厚生年金でも同様の制度があります。65歳以前の特別支給の老齢厚生年金は繰下げの対象にならないので、65歳までは特別支給の老齢厚生年金を受給し、65歳からの老齢厚生年金を繰下げして受給できます。

繰下げによる加算額は自分で計算するには複雑なので、最寄りの年金事務所で試算してもらうといいでしょう。

繰下げ受給の注意点

老齢基礎年金と同時でも一方だけでも繰下げできます。老齢基礎年金は70歳まで繰り下げて受け取り、老齢厚生年金は65歳までは特別支給の老齢厚生年金を受け取り、65歳以降の分を67歳まで繰り下げて受け取ることも可能です。

繰下げ受給の注意点は、次節で説明する「加給年金」や「振替加算」を受け取れる人では、繰り下げている期間は加給年金や振替加算の支給が停止されるうえ、増額されないので、どちらがトクかを考え、選ぶ必要があります。

老齢基礎年金か老齢厚生年金のどちらか一方を繰り下げる場合の手続

特別支給の老齢厚生年金を受給している人は、65歳の誕生日前に日本年金機構から「年金請求書（ハガキ形式）」が届きます。

老齢基礎年金か老齢厚生年金のどちらか一方を繰り下げる場合は年金請求書の支給繰下げ申請記入欄の繰下げを希望するほうに○印を記入し、日本年金機構に提出します。年金請求書を提出すれば、繰下げしないほうの年金が65歳から支給されます。両方を繰り下げる場合は、提出の必要はありません。

繰下げした年金の受給を開始したいときに「老齢基礎年金・老齢厚生年金支給繰下請求書」を提出します。「老齢基礎年金・老齢厚生年金支給繰下請求書」を提出した翌月の年金から受給されます。

⑹　加給年金と振替加算

加給年金の加算

厚生年金保険の被保険者期間が20年以上（中高齢者の特例の場合は15～19年）ある人が老齢厚生年金や特別支給の老齢厚生年金を受給する場合で、一定の要件を満たす配偶者や子がいるときは、加給年金が加算されます。

加給年金とは、いわば公的年金の「扶養手当」にあたる給付のことです。

【図表8　加給年金額が加算される配偶者や子の要件】

加給年金額が加算される配偶者や子の要件
- ① 厚生年金保険に20年以上加入して、老齢厚生年金を受給する場合
- ② 対象の配偶者は65歳未満で年収が850万円未満であること
- ③ 対象の配偶者自身の厚生年金保険加入期間が20年未満であること
- ④ 対象の子は未婚で、18歳到達年度末までにあること

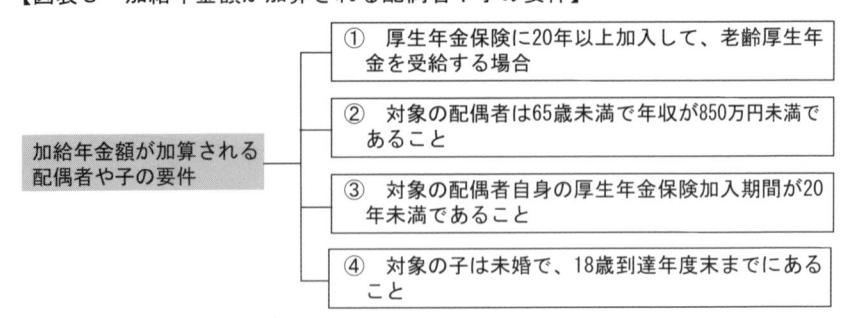

【図表9　加給年金の内容】

対象者	加給年金額	年齢制限
配偶者	22万6,300円	65歳未満であること
1人目・2人目の子	各22万6,300円	18歳到達年度の末日までの間の子または1級・2級の障害の状態にある20歳未満の子
3人目以降の子	各7万5,400円	

　図表8の要件を満たした厚生年金保険加入者には年額40万円近くも年金額が加算されますので、とてもメリットは大きいです。

　さらに、老齢厚生年金を受けている人の生年月日に応じ、配偶者の加給年金額に3万3,300円～16万6,900円が特別加算されます。

【図表10　配偶者加給年金額の特別加算額】

受給権者の生年月日	特別加算額	加給年金額の合計額
昭和9年4月2日～昭和15年4月1日	3万3,300円	25万9,600円
昭和15年4月2日～昭和16年4月1日	6万6,800円	29万3,100円
昭和16年4月2日～昭和17年4月1日	10万200円	32万6,500円
昭和17年4月2日～昭和18年4月1日	13万3,600円	35万9,900円
昭和18年4月2日以後	16万6,900円	39万3,200円

モデル夫婦のケースでみると

　20年以上にわたって、厚生年金保険に加入している59歳の夫とその配偶者である4歳年下の55歳の妻の夫婦をモデルケースとします。

　夫が年金を受給する65歳のとき（妻は61歳）に、男性や妻の収入が高

額でないなどの一定要件を満たせば、加給年金という扶養手当が上乗せされ、妻が原則65歳になるまで支給されます。つまりこの場合、4年間分受給できるということになります。

妻が夫より年上の場合には、1円も加給年金を受け取れない

逆に妻が夫より年上の場合には、1円も加給年金を受け取ることができません。

また、配偶者の厚生年金加入期間が20年未満であることが加給年金の支給要件ですから、配偶者がかなり年下で長く加給年金を受けられるような場合には、配偶者の厚生年金保険加入期間が20年を超えないようにするほうが有利な場合もあります。

さらに、配偶者が障害年金を受け取っている間は、加給年金の支給が停止となります。

もし夫が年金の68歳からの繰下げ受給を選択したとすると、繰り下げた3年分の加給年金は支給されないことになりますので、繰下げ受給の有利不利を判断する場合には加給年金も考慮して考える必要があります。

振替加算

妻が65歳になると、夫の加給年金はストップします。代わりに振替加算と名前を変えて妻の年金として一生支給されます。

この振替加算は、図表11のとおり、妻の生年月日が昭和41年4月1日以前生まれの人が対象になり、昭和41年4月2日以降生まれの人は振替加算はありません。

加給年金と比較すると、支給金額は少なくなりますが、夫が死亡した後もなくなることがなく一生涯続きます。

(7) 年金受取額を増やす方法

任意加入（国民年金の特別任意加入被保険者）

定年前に「年金の加入期間が25年に達していないからもらえない」と嘆

【図表11　振替加算額（24年度価額）】

配偶者の生年月日	振替加算額
昭和20年4月2日～昭和21年4月1日	11万1,600円
昭和21年4月2日～昭和22年4月1日	10万5,700円
昭和22年4月2日～昭和23年4月1日	9万9,600円
昭和23年4月2日～昭和24年4月1日	9万3,500円
昭和24年4月2日～昭和25年4月1日	8万7,600円
昭和25年4月2日～昭和26年4月1日	8万1,500円
昭和26年4月2日～昭和27年4月1日	7万5,400円
昭和27年4月2日～昭和28年4月1日	6万9,500円
昭和28年4月2日～昭和29年4月1日	6万3,400円
昭和29年4月2日～昭和30年4月1日	5万7,300円
昭和30年4月2日～昭和31年4月1日	5万1,400円
昭和31年4月2日～昭和32年4月1日	4万5,300円
昭和32年4月2日～昭和33年4月1日	3万9,100円
昭和33年4月2日～昭和34年4月1日	3万3,300円
昭和34年4月2日～昭和35年4月1日	2万7,200円
昭和35年4月2日～昭和36年4月1日	2万1,000円
昭和36年4月2日～昭和41年4月1日	1万5,200円
昭和41年4月2日以後	0円

いている人や、「満額（78万6,500円／平成24年度価額）の老齢基礎年金を受け取れない」と落ち込んでいる人には、国民年金の任意加入のご検討をお勧めします。

　国民年金は保険料を払うのは原則60歳までですが、任意加入を利用すると最長65歳まで保険料を払い続けることができます。

　この期間の保険料支払総額は、合計で約90万円。一方これに応じて上乗せされる年金は、年額で約10万円。65歳以降、9年くらい長生きすると、十分に元は取れるということになり、おトク感が十分感じられます。

加入期間が25年を満たせない場合

　また任意加入は原則65歳までですが、加入期間が40年に達する時点で終了します。

それでも加入期間が25年を満たせない場合、誕生日が昭和40年4月1日以前の人のみ最長70歳まで任意加入ができます。25年に1か月でも満たない場合は、1円も年金受給できないことから見ても、この任意加入は加入期間が短い人やカラ期間が長くて年金額が少額になる予想の人には大変助かる制度といえます。

付加年金
　国民年金だけに加入している第1号被保険者が選択できる制度です。加入者は通常の月々の保険料に400円を追加して払うと「払った月数×200円」分の年金が将来上乗せされるという優れものです。
　付加保険料を10年間追加して納める場合、保険料の合計は、4万8,000円となります。一方で、受取額は年2万4,000円の上乗せになります。

【図表12　付加保険料を10年間納付した場合の付加年金】

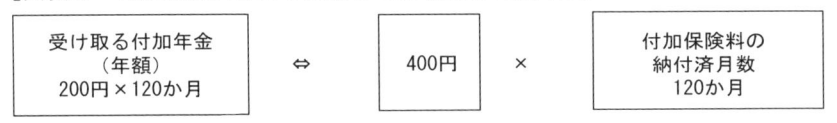

受け取る付加年金 （年額） 200円×120か月	⇔	400円	×	付加保険料の 納付済月数 120か月

　実質、2年間年金を受け取れば、元は取れるというおトクな制度です。

(8) 厚生年金基金

厚生年金基金とは
　公的年金を補完するものとして、企業が退職金などの支給のために積み上げたものを一時金ではなく、年金形式でも受け取れるようにしたものが企業年金です。
　この企業年金の1つが厚生年金基金です。国が支給する厚生年金の報酬比例部分の一部を企業が国に代わって運用代行して、より多くの年金を支給するための制度です。
　しかし、最近では景気の低迷や低金利の影響もあり、「代行返上（代行部分を国に返すこと）」する基金も増えていて、今後も基金数の減少が続くものと思われます。

厚生年金基金は、わが国の企業年金の中核をなす制度

　厚生年金基金は平成24年7月1日時点で、加入数約443万人、加入事業所数約11万3,000社という加入状況です。

　平成22年度の厚生年金保険加入数、約3,441万人と比べても、厚生年金保険の加入者のうち約8人に1人が厚生年金基金の加入者であるといえます。

　依然として、厚生年金基金は、わが国の企業年金の中核をなす制度なのです。

　厚生年金基金は、企業が単独で運営する「単独型」、関連企業（グループ企業）が集まって共同で運営をする「連合型」、同業種や同一地域などで同一業界の企業が集まり、共同で運営をする「総合型」の3つの形態があります。

厚生年金基金に加入している企業の従業員は自動的に厚生年金基金にも加入

　厚生年金基金に加入している企業に、従業員として就職した人は、本人の意思に関係なく、自動的に厚生年金基金にも加入することになります。もちろん、その企業を退職した場合には、退職と同時にその厚生年金基金の加入者ではなくなります。

　しかし、厚生年金基金の加入期間が10年（基金によっては15年）未満で基金を運営している企業を退職した場合、もしくは基金が解散した場合などは、年金として支給される原資は、企業年金連合会に移管されます。

厚生年金に上乗せされる「厚生年金基金」

　サラリーマンの年金制度は、図表13のように3階建ての構造になっています。1階部分に当たるのが「国民年金（基礎年金）」、2階部分に当たるのが「厚生年金」です。

　これらに加え、3階部分に当たるのが、企業が任意で実施する「厚生年金基金」などの企業年金です。

　企業の実情に応じた厚生年金基金独自の上乗せ給付（プラスアルファ給付）を行い、年金基金を管理運営して年金給付を行っています。従業員に、より手厚い老後保障を行うことを目的とした企業年金制度なのです。

【図表13　サラリーマンの年金構造】

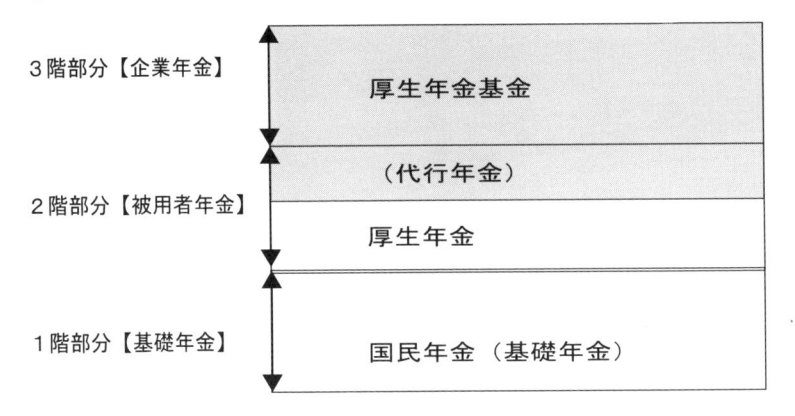

3階部分【企業年金】	厚生年金基金
2階部分【被用者年金】	（代行年金）
	厚生年金
1階部分【基礎年金】	国民年金（基礎年金）

厚生年金と厚生年金基金

　厚生年金と厚生年金基金は名称が似ていますが、全くの別物です。厚生年金は「公的年金」、厚生年金基金は「企業年金」です。

　厚生年金の「受給資格期間」のような要件は、厚生年金基金にはありません。厚生年金給付を受け取ることができなくても、この厚生年金基金の給付は受け取ることができる場合もあります。

　このように、両者は年金請求時の要件に違いがあります。

厚生年金と厚生年金基金に共通する手続

　厚生年金と厚生年金基金に共通することもあります。それは、自動的に年金を振り込んでもらえないということです。年金の請求手続をすることが必要だということです。

厚生年金基金に加入していなかったか

　厚生年金基金の場合、加入期間が概ね10年未満の場合は企業年金連合会から、10年以上の場合は加入していた厚生年金基金から、それぞれ支給されることになっています。

　過去に会社を転職した経験のある人は、厚生年金基金に加入していた時期がないか、一度確認する必要があります。以前勤めていた会社に「厚生年金

基金」制度があったかどうかわからない人は、まずは勤めていた会社に問い合わせてください。

勤続年数が10年未満だった人

それから、厚生年金基金に加入していたが勤続年数が10年未満だった人は、以前勤めていた会社や企業年金連合に問い合わせてください。

前にも述べたように、勤続年数が原則10年未満の場合、年金として支給される原資は「企業年金連合会」に移管されるからです。この場合、厚生年金基金の請求窓口も企業年金連合会になります。

大切な年金をもらい忘れないように

老後の主たる収入はやはり年金です。その大切な年金をもらい忘れないように、自ら行動することが大切なのです。

厚生年金基金の請求漏れは非常に多い

平成23年7月末時点で、自分がもらえるはずの厚生年金基金をもらい忘れている人は124.5万人、年金累計総額1,627億円という調査結果が公表されています。厚生年金基金受給権者が686万人ですから、加入者の実に5人に1人は払ったのにもらえていないという現実があるのです。

企業年金連合会では、60歳の誕生日の前月に「裁定請求書」を過去の加入者へ郵送しています。

企業年金連合会に登録されている過去の加入者の住所が、昔の厚生年金基金加入時の住所のままで、住所変更されていない場合には、過去の加入者へ郵送された「裁定請求書」は宛名不明で戻ってきてしまいます。

厚生年金基金をもらえていない124.5万人のうち、実に77.1万人がこの

【図表14　厚生年金基金の裁定請求書未提出者数の状況（平成23年7月末時点）】

請求書不達	請求保留	合計	5年以上経過者
77.1万人	47.4万人	124.5万人	49万人
61.9%	38.1%	100%	39.4%

「宛名不明」に該当して、もらえるはずの基金がもらえていないのです。

約4割も請求保留の人がいるのはなぜか

　宛名不明で本人に請求書不達であれば、請求手続をすることはできません。これは理解できますが、約4割も請求保留の人がいるのはなぜでしょうか。

　これは、あくまでも筆者の想像ですが、「裁定請求書」が送られてきていても、「年金請求手続をしてもそれほど多額の年金がもらえない」と思って、年金請求手続をしない人が多いのではないでしょうか。

もらい忘れの厚生年金基金はどうなる

　それでは、このもらい忘れの厚生年金基金はどうなるのでしょうか。

　公的年金の場合、請求手続をせずに年金受給権の発生日の翌日から起算して5年経過すると、5年以上経過分の権利が時効により消滅します。

　ただし、企業年金連合会から受け取る場合、時効は適用されずに、申請すれば受給権の発生日に遡って受け取ることが可能です。

(9) 老後の収入を増やすには

一番良いのは自分の会社をつくり以前の会社から仕事をもらう方法

　老後の収入を増やすために、独立起業して自分で仕事をする人もいます。一番良いのは、定年まで働いていた会社に再雇用されて給料をもらう代わりに、自分の会社をつくり以前の会社から仕事をもらう方法です。このタイプの独立起業はまず失敗することがありません。

　次に、以前の会社での経験・取引先などを活用し自分で事業を始める方法です。これまでと同じ仕事で独立するわけですから、このタイプの起業もうまくキャリアを生かせれば失敗することはあまりないといえます。

　一番リスクが高いのが、今までの仕事と全く関係ない事業で独立起業するケースです。自分の夢を実現するためという理由ならいざ知らず、経済的理由だけなら、むしろどこかで仕事先を探して、雇用契約を結んで働かれることをお勧めします。

【図表15　60歳〜64歳で仕事をしている理由】

理由	割合
現在の生活費のため	63.8%
現在の生活費を補うため	32.2%
健康を維持するため	30.2%
将来の生活資金のため	29.4%
今の仕事が好きだから	24.2%
社会とのつながりを維持したい	23.8%
家にずっといるのは嫌だから	3.1%

（出所：厚生労働省「第6回中高年者縦断調査」平成24年（複数回答）より）

正規雇用の受入体制も含めて難しい

しかしながら、図表16のとおり、65歳以上で働いている人の約7割は非正規雇用者なのです。

65歳以上で再就職する人や、定年後も同じ企業で継続勤務する人でも「正規雇用」は、企業の受入体制も含めて難しいものがあります。

【図表16　65歳以上の雇用形態別雇用者数】

雇用形態等		人数・割合
役員を除く雇用者		234万人
	正規の職員・従業員	71万人
	非正規の職員・従業員	163万人
退職金や企業年金だけでは不十分（%）		69.7%

高年齢雇用継続給付

法律では事業主に対し、60歳を超えた従業員に対しても原則65歳までは引き続き雇用を確保することを義務づけています。

ただし、60歳以前と同じ待遇で雇用することまでは義務づけていないので、現役時代と比べるとどうしても給与が大幅にダウンするのが実情です。

しかし、急に減ってしまった給与の差額を少しでも補う「高年齢雇用継続

給付」という制度があり、雇用保険から給付金が支給されます。

高年齢雇用継続給付の種類

　高年齢雇用継続給付には、継続雇用で、失業保険の給付を受けていない人を対象にした「高年齢雇用継続基本給付金」(図表17)と、失業保険を一部受けた人を対象にした「高年齢再就職給付金」(図表18)があります。

【図表17　高年齢雇用継続基本給付金の概要】

受給要件	・60歳以降も継続勤務、60歳時賃金の75％未満に低下 ・雇用保険の加入期間が5年以上 ・引き続き雇用保険に加入 ・失業保険の手当給付金を受けず、継続雇用・再就職した人
受給額	・継続勤務時の賃金の最大15％
受給期間	・60歳から65歳になるまで

【図表18　高年齢再就職給付金の概要】

受給要件	・60歳以降に再就職し、再就職後の賃金が60歳時賃金の75％未満に低下 ・雇用保険の加入期間が5年以上 ・再就職によって雇用保険に加入 ・基本手当の支給日数を100日以上残して再就職 ・再就職手当を受給していない
受給額	・再就職先での賃金の最大15％
受給期間	・基本手当の支払日数の残りが、 　100日以上200日未満→再就職時より1年間 　200日以上→再就職時より2年間 　ただし、支給期間内でも65歳になる月までで打切り

給付金がもらえるのは

　定年時の給与を100％とした場合、60歳以降の給与が75％未満なら給付金がもらえます。

　以前の61％未満に下がった人には新しい給与の15％相当額が支給され、以前の68％だと新しい給与の6.73％が支給されます。

　しかし、定年時の給与が高くても45万1,800円(平成23年8月1日現在)の上限があるため、定年時100万円の給与の人が60歳以降60万円と以前

の60％の給与となったとしても定年時の給与の上限額を上回るため、給付金はもらえません。

定年時の給与とは定年になる直前6か月間の平均額で、そこには賞与は含まず計算します。

在職老齢年金

60歳以降も在職して厚生年金保険に加入し続けた場合、会社からの給与と厚生年金保険からの年金という2つの所得が発生することになります。

会社員として働く場合、勤務時間と勤務日数が正社員の概ね4分の3以上あると70歳までは厚生年金に加入しなくてはなりません。

年金を受け取りながら、厚生年金に加入し働いている人は、年金を含めた収入が一定額を超えると、年金が減額されたり、全額支給停止となります。これを「在職老齢年金」といいます。

在職老齢年金で年金が減額されるのは

厚生年金の加入要件に満たない短時間のパートや嘱託、個人で自営業をする場合は在職老齢年金の対象にはなりませんので、年金が減額されることはありません。

また、在職老齢年金で年金が減額されるのは老齢厚生年金のみで、老齢基礎年金は関係ありません。厚生年金に加入しながら働き、給与の額が高額だったとしても、老齢基礎年金は全く減額されることはありません。

しかし、在職老齢年金が全額支給停止になった場合は「加給年金」も支給停止となります。

在職老齢年金の減額される年金額の計算

在職老齢年金は、図表19の計算式で算出した1か月の収入を基準に減額

【図表19　在職老齢年金の計算の基準となる1か月の収入の計算式】

総報酬月額相当額 給与の月額＋（過去1年間の賞与額×12分の1）	＋	年金月額 （加給年金額を除く老齢厚生年金の年額×12分の1）

される年金額を計算します。

65歳未満の人は、総報酬月額相当額と年金月額の合計が28万円以下なら、年金の減額はありませんが、28万円を超えると、超えた分の半分の金額が年金より減額されます。

しかも、総報酬月額相当額の金額が46万円を超えると超えた分と同額の金額がさらに年金より減額されます。

退職後しばらくは在職老齢年金が全額支給停止になることがある人

また、総報酬月額相当額には、過去1年間の賞与の12分の1が含まれます。定年後は給与の月額が下がり、賞与がない場合でも定年前は賞与を多くもらっていた人は、退職後しばらくは在職老齢年金が全額支給停止になることがあります。

しかし、それもずっと続くわけではありません。賞与は在職老齢年金を計算する月の直近の1年間のものとなりますので、1年が経過すれば、定年前の賞与の影響を受けず、減額後の給与の月額と賞与で計算されることになります。

【図表20　65歳未満の在職老齢年金で減額される年金額】

総報酬月額相当額 \ 年金月額	6万円	8万円	10万円	12万円	14万円
16万円	減額なし	減額なし	減額なし	減額なし	1万円
20万円	減額なし	減額なし	1万円	2万円	3万円
24万円	1万円	2万円	3万円	4万円	5万円
28万円	3万円	4万円	5万円	6万円	7万円
32万円	5万円	6万円	7万円	8万円	9万円

年金月額が6万円、総報酬月額相当額が24万円の場合の例

例えば、年金月額が6万円、総報酬月額相当額が24万円の場合は、（年金月額6万円＋総報酬月額相当額24万円－28万円）×1/2となり、1万円の年金が減額されます。つまり、受け取れる年金の月額が6万円－1万

円＝5万円となります。

65歳以降の人の年金減額

　65歳以降の人は総報酬月額相当額と年金月額の合計が46万円以下でしたら年金の減額はありません。46万円を超えると、超えた分の2分の1の金額が年金より減額になります。

高年齢雇用継続給付との併給調整

　在職老齢年金対象者の人が高年齢雇用継続給付の支給を受けていると、さらに支給調整が行われ、給与の最大6％が年金から減額されることがあります。

　この併給調整も、厚生年金に加入している人が対象となりますので、厚生年金の加入要件に満たない短時間のパートや嘱託、個人で自営業をする場合は併給調整の対象になりませんので、年金が減額されることはありません。

　60歳以降の給与の月額が定年当時の給与の61％未満で、高年齢雇用継続給付を受けている場合、「給与の月額×6％（減額率）」に相当する額が、年金から減額されます。

　在職老齢年金の減額される金額を計算するときは、「給与の月額」と「過去1年間の賞与の12分の1」を足した「総報酬月額相当額」で計算をしましたが、高年齢雇用継続給付は60歳以降にもらう「給与の月額」で計算しますので、過去1年間の賞与は関係ありません。

高年齢雇用継続給付はもらったほうがトク

　年金の減額率は高年齢雇用継続給付の給付率によって決まっており、給付率が下がれば、年金の減額率も下がっていきます。

　しかし、もらえる給付金を超えて年金を減額されることはありませんので、高年齢雇用継続給付はもらったほうがトクになります。

　年金が減額されるうえ、厚生年金の保険料まで払うなら、働いても損しているように感じる人もいると思いますが、厚生年金の加入期間が増えるので退職後もしくは65歳以降に受け取る年金額を増やすことができるなど、メ

リットも大きいのです。

定年後、継続して働く人の厚生年金と健康保険の保険料

　定年後も、今までと同じ会社で継続または即日再雇用されて働く場合、厚生年金と健康保険の保険料を定年前から継続加入していることになります。

　そうなると、定年後の給与が定年前と比べて大きく下がっても、しばらくの間は給与から控除される厚生年金と健康保険の保険料は定年前の高い保険料となります。

　なぜなら、厚生年金と健康保険の保険料は実際に給与が下がって4か月目に日本年金機構で手続をし、その後、保険料が変わるからです。そうなると、給与が下がって3か月間は、高い保険料が給与から控除されます。

　そこで、定年時にいったん退職したことにし、即日再雇用されたというような手続をするのです。

　同日付で厚生年金と健康保険の「被保険者資格喪失届」と「被保険者資格取得届」を日本年金機構へ提出します。

　そうすると、その月から厚生年金と健康保険の保険料が下がります。

定年時に退職し、即日再雇用されたとした場合の在職老齢年金

　また、在職老齢年金も日本年金機構へ届け出た月額の給与をもとに、減額される年金の金額が計算されます。

　定年時に退職し、即日再雇用されたとした場合、定年の翌月分の年金から下がった給与で減額の金額が計算されることになります。

⑽　失業保険をもらう

失業保険の受給要件

　定年退職後、働きたいと思っていても、なかなか就職先が見つからない場合もあります。そういうときは失業保険を受け取ることができます。

　失業保険は、65歳未満の人が受け取ることができる「基本手当」と65歳以上の人が受け取ることができる「高年齢求職給付金」に分けられます。

失業保険の受給要件は、基本手当も高年齢求職給付金も同じで、図表21のとおりです。

【図表21　失業保険の受給要件】

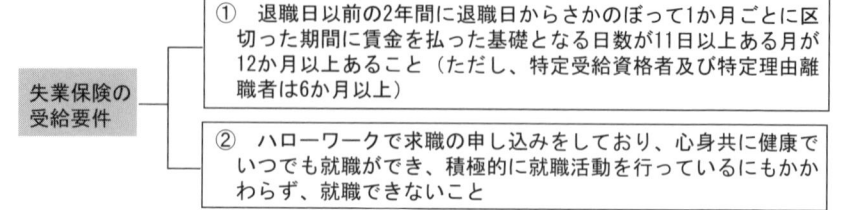

失業保険の受給要件
① 退職日以前の2年間に退職日からさかのぼって1か月ごとに区切った期間に賃金を払った基礎となる日数が11日以上ある月が12か月以上あること（ただし、特定受給資格者及び特定理由離職者は6か月以上）
② ハローワークで求職の申し込みをしており、心身共に健康でいつでも就職ができ、積極的に就職活動を行っているにもかかわらず、就職できないこと

注：特定受給資格者及び特定理由離職者とは、倒産や解雇など、一定の理由で離職した離職者のこと。

基本手当

基本手当をもらえる給付日数は、年齢や雇用保険の加入期間、退職理由によって異なります。

受給手続をした後は7日間の待機期間があり、その後「退職理由」が定年退職や倒産・解雇などによる場合は、すぐに基本手当がもらえますが、「退職理由」が自己都合の場合は、さらに3か月間の給付制限があり、その間は基本手当がもらえません。

【図表22　基本手当の給付日数】

① 倒産・解雇などを除く理由での離職者（定年退職または自己都合の離職者）

年齢＼被保険者の期間	1年未満	1年以上5年未満	5年以上10年未満	10年以上20年未満	20年以上
65歳未満		90日		120日	150日

② 倒産・解雇などの理由による離職者（特定受給資格者および特定理由）

年齢＼被保険者の期間	1年未満	1年以上5年未満	5年以上10年未満	10年以上20年未満	20年以上
30歳未満	90日	90日	120日	180日	—
30歳以上35歳未満	90日	90日	180日	210日	240日
35歳以上45歳未満	90日	90日	180日	240日	270日
45歳以上60歳未満	90日	180日	240日	270日	330日
60歳以上65歳未満	90日	150日	180日	210日	240日

また、基本手当をもらっている期間は特別支給の老齢厚生年金がもらえません。基本手当の受給手続をすると、その翌月から基本手当をもらい終わるまでの間は年金の支給が停止されます。

基本手当の支給額

基本手当の支給額は、退職前6か月間の給与を180で割った平均賃金日額によって決まります。平均賃金日額の45%～80%の額が支給額となります。

基本手当は非課税なので、基本手当と特別支給の老齢厚生年金を比べた場合、多くの場合は基本手当をもらったほうがトクになります。

年金をもらうほうがトクする人は、基本手当の受給手続をしなければ年金を受け取ることができます。

【図表23　1日あたりの基本手当の額】

（60歳以上65歳未満）

退職時の賃金日額	給付率	基本手当の日額
2,320円未満	—	1,856 円
2,320円以上4,640円未満	80%	1,856 円～3,711 円
4,640円以上10,570円以下	80%～45%	3,712 円～4,756 円
10,570円超15,020円以下	45%	4,756 円～6,759 円
15,020円超	—	6,759 円

基本手当を受給できるのは退職日から1年間

基本手当を受給できるのは退職日から1年間です。受給手続が遅れて退職日から1年が経過すると、給付日数が残っていても支給が打ち切られてしまいます。

60歳以上の定年退職者は退職日の翌日から2か月以内なら、基本手当の受給手続の延長の申請をすることができます。最長で1年間の延長ができますので、受給期間が2年間になります。

退職後しばらくゆっくりしたい場合は、受給期間の延長の申請を忘れずに

しましょう。

また、病気などで30日以上働けないと医師に診断された場合も、同様に受給期間の延長の申請ができます。

高年齢求職者給付金

65歳以前から継続して働いている人が65歳以上で退職すると、基本手当にかわり、高年齢求職者給付金という一時金がもらえます。

高年齢求職者給付金は年金を受け取りながら受給することができます。

受給要件や退職時の賃金日額の金額の計算方法は基本手当と同じですが、基本手当と比べ、支給額や給付日数が大きく減ってしまいます（図表24）。

【図表24　高年齢求職者給付金の給付日数】

年齢 被保険者の期間	1年未満	1年以上
65歳以上	30日	50日

20年以上の雇用保険の加入期間がある人

20年以上の雇用保険の加入期間がある人は、65歳前に退職すれば、150日の基本手当がもらえますが、65歳を過ぎると、その3分の1の50日分の一時金となります。

また、一時金でもらえる1日あたりの給付額の上限額も6,440円に下がってしまいます（図表25）。

【図表25　高年齢求職者給付金の日額】

退職時の賃金日額	給付率	基本手当の日額
2,320円未満	―	1,856 円
2,320円以上4,640円未満	80%	1,856 円～3,711 円
4,640円以上11,740円以下	80%～50%	3,712 円～5,870 円
11,740円超12,880円以下	50%	5,870 円～6,440 円
12,880円超	―	6,440 円

2　年金請求手続

(1)　年金請求の手続はセルフ方式

年金の支給を受けるための手続

　老後の生活資金は、年金でまかなおうと考えている人は多いはずです。
　この年金を受ける権利は、年齢など受給するための要件が整った場合、法律上の権利が発生します。
　しかし年金は、年金を受ける資格ができたときに自動的に支給が始まるものではありません。ご自身で年金を受けるための手続（年金請求）を行う必要があります。
　年金の支給を受けるために、その権利の有無を確認することを「裁定請求」といいます。

「年金請求書（事前送付用）」と「年金を請求されるみなさまへ」の送付

　60歳に特別支給の老齢厚生年金を受け取る権利が発生する人に対し、60歳に到達する3か月前に、基礎年金番号、氏名、生年月日、性別、住所及び年金加入記録を印字した「年金請求書（事前送付用）」及びリーフレット「年金を請求されるみなさまへ」が日本年金機構から本人宛に送られてきます。
　60歳時に年金を受けるために必要な加入期間はあるものの厚生年金期間が1年未満など、特別支給の老齢厚生年金がもらえず、65歳で受給権が発生する人には年金請求書に代えて「年金に関するお知らせ（ハガキ）老齢年金のお知らせ」が日本年金機構から送られてきます。
　そして、65歳の誕生日の3か月前に「年金請求書」が送られてきます。

家族や社会保険労務士などの専門家が代理手続することも可能

　年金手続は、受給者本人が行うのが原則となっていますが、家族や社会保

険労務士などの専門家が代理手続することも可能となっています。そのときは、委任状が必要となります。

(2) 年金の受給権の発生する日

老齢年金の受給権が発生する日

老齢年金の受給権が発生する日は、基本的には受給要件を満たした日です（図表26）。

【図表26　老齢年金の受給権の発生する日】

年金の種類	受給権の発生する日
老齢基礎年金 老齢厚生年金 付加年金	①　65歳に達した日（65歳以後に受給資格期間を満たしたときはその日） ②　繰上げ支給の場合、年金請求書が受理された日（ただし、特別支給の老齢厚生年金を除きます） ③　繰下げ支給の場合、繰下げ請求書が受理された日
特別支給の 老齢厚生年金	①　60歳に達した日（それ以後に受給資格期間を満たしたときはその日の翌月）

年金の法律で、「○○歳に達した日」という表現をしていますが、この解釈は○○歳の誕生日の前日をさしています。

例えば、誕生日が4月1日の人は、その前日の3月31日から年金受給の請求手続をすることが可能となります。

年金の受給権が発生したら、すぐに手続をしてください。

遅れて請求した場合

また、年金請求の手続をうっかり忘れる人は滅多にいないと思いますが、遅れて請求した場合は、請求時から5年前まで遡って受給することができます。

ただし、5年を超える過去の分は時効消滅しますので、ご注意ください。

例えば、65歳に年金の受給権が発生する人は、70歳に達する月までに年金の請求を行わなければ、65歳まで遡って請求する際、時効により受け取れない期間が出てきます。

(3) 年金請求手続の準備

老齢年金の請求から受給の手続

　実際の年金の手続は、図表27のとおりとなりますので、よく確認しておいてください。

【図表27　老齢年金の請求から受給の一般的な流れ】

		内　容
①	請求前の準備	年金手帳の確認 職歴の確認
②	請求書類の確認	年金手帳や記入見本を見て、記入間違いや記入漏れ確認 添付書類の確認
③	年金請求書の提出	提出先は年金事務所、年金相談センターへ 金融機関で支払機関証明書に確認印をもらってから提出
④	年金請求書の審査	受給要件の審査 年金額の計算
⑤	年金決定通知書、 年金証書の郵送 （1〜2か月後）	年金証書の内容確認（年金の種類、年金番号や氏名など） 年金決定通知書の内容確認（年金額の内訳の金額） （決定内容相違の場合、60日以内に文書・口頭で審査請求）
⑥	年金の支給振込通 知書の郵送 （2〜3か月後）	年金の支給日は偶数月の原則15日 （15日が土日祝日の場合、その前の営業日に支払われる） 年金の支給は偶数月15日のその前月と前々月の2か月分
⑦	現況届の提出	毎年決められた日（誕生日の末日など）までに現況届提出

(4) 請求前の準備

年金手帳の確認

　会社によって対応が異なりますが、サラリーマンの現役時代は、年金手帳を一括して会社が保管しているケースもあります。

　年金手帳は、公的な年金制度に加入して被保険者資格取得届を提出すると、社会保険庁長官が作成して加入者（被保険者）に交付することになっています。

一度交付を受けると、その同じ年金手帳を一生使うことになります。

年金の請求手続の際、この年金手帳を添付する必要があります。

もし年金手帳や厚生年金保険被保険者証を紛失してしまい、手元に見当たらない場合には、「年金手帳再交付申請書」を提出して、年金手帳の再交付を受けることが可能です。

氏名の漢字表記誤りや生年月日の記載誤りがわかっている人の手続

年金の請求書類を年金事務所や年金提出センターへ提出する際、年金手帳のほかに戸籍謄本や住民票なども必要となります。

このとき、年金手帳に記載されている氏名や生年月日が相違している場合、年金の請求手続ができなくなります。

もし氏名の漢字表記誤りや生年月日の記載誤りがわかっている場合は、「被保険者氏名変更（訂正）届」や、「被保険者生年月日訂正届」と年金手帳と合わせて、市区町村役場、年金事務所や年金相談センターへ届出・変更しておく必要があります。

1人で記号番号を複数もっている人

また、厚生年金保険の加入者が転職などで勤め先が変わったときに、その都度、新しい年金手帳の交付を受け、1人で記号番号を複数もっている場合があります。

この場合、年金手帳ごとに別人と判定されて、一定の加入期間が受給対象期間から漏れたり、裁定請求の受給の決定において、大幅に遅くなる場合があります。

本来であれば、1人1冊のはずの年金手帳を2冊以上ある場合には、「基礎年金番号重複取消届」を提出して、1つの年金手帳にまとめることが必要です。

職歴の確認

年金の請求を行う前に、自分の職歴（加入歴）を振り返り、厚生年金保険の加入期間漏れがないかを再確認しておくことが肝心です。

請求書類の確認

「年金請求書」の記載内容や添付書類に不備があると、受け付けてもらえない場合も想定されますので、事前に確認しておいてください。

戸籍抄本・住民票などは、受給権発生日以降に交付されたもので、かつ、年金請求書の提出日において6か月以内に交付されたものでないと受け付けてもらえませんので、注意が必要です。

【図表28　年金請求書の添付書類例】

1	「年金手帳」または「被保険者証」
2	本人の「戸籍抄本」
3	「雇用保険の被保険者証」
4	配偶者および子の「戸籍抄本」（注：2、4の代わりに「戸籍謄本」でも可）
5	配偶者の「年金手帳」
6	配偶者が年金などの受給者の場合、「年金証書」などまたはこれに準ずる書類の写し
7	各種共済組合加入者は「年金加入期間確認通知書（共済用）」
8	国民年金の任意加入者であって加入しなかった期間のある人が、その期間を満たすための本人または配偶者の在職期間を明らかにする書類 ・配偶者が厚生年金保険の被保険者の場合⇒「年金加入期間確認請求書」 ・共済組合の組合員の場合⇒「年金加入期間確認通知書」 ・本人または配偶者が年金を受給できた場合⇒その「年金証書の写し」
9	加給年金額および加算額該当者がいる場合は「住民票」
10	請求者本人が国民年金法に定める障害等級に該当する程度の障害の状態にある場合には、「医師または歯科医師の診断書」
11	加給年金額および加算額該当者の課税または非課税証明（源泉徴収票）
12	生計維持の証明において、現在は850万円以上の年収があるが、おおむね5年以内に850万円未満となる見込みがある場合は、そのことを証明できる書類（就業規則など退職年齢を明らかにできるもの）および源泉徴収票など

(5)　年金請求窓口

年金の請求先

年金請求書と提出する際の添付書類が手元に揃えば、どこに持って行けば

【図表29　年金の請求先】

年金を受けようとしている人	年金請求の手続先
現在、在職中または最後の加入制度が厚生年金保険の人	勤務先の所在地を管轄する年金事務所
国民年金の第1号被保険者の期間のみの人	お住まいの市区町村の国民年金窓口
上記以外の人	住所地を管轄する年金事務所

注：この一覧表にかかわらず、お近くの年金事務所、年金相談センターで請求手続することも可能です。

いいのかは、加入していた年金制度によって窓口が変わります。

(6) 厚生年金基金の請求手続

「老齢年金裁定請求書」と「年金請求のご案内」の郵送

　厚生年金基金もご自身で年金を受けるための手続（裁定請求）を行う必要があります。

　通常であれば、60歳に到達する1か月前に、「老齢年金裁定請求書」と「年金請求のご案内」が郵送されます。

　「老齢年金裁定請求書」と「年金請求のご案内」は、厚生年金基金の加入期間が10年以上の人については加入していた厚生年金基金の団体から、加入期間が概ね10年未満の人については企業年金連合会から送られてきます。

請求書などが届かないときは

　厚生年金基金を転職や結婚などで中途脱退された人の場合、過去に住所変更手続が忘れられていたなどで、この請求書が届かないことがあります。

　そうした場合、電話・文書（裁定請求書送付依頼書）・インターネットのいずれかの方法にて、「老齢年金裁定請求書」の送付依頼をしてください。

　送付依頼後、1週間程度で、お手元に「老齢年金裁定請求書」が届きます。

　この「老齢年金裁定請求書」に必要事項を記入し、添付書類とともに、厚生年金基金への加入期間10年未満の人は企業年金連合会の審査課へ郵送します。

【図表30　裁定請求書送付依頼書（企業年金連合会）】

裁定請求書送付依頼書	平成　年　月　日　提出
国の年金手帳の基礎年金番号	－
加入されていた企業年金の名称 ・厚生年金基金 ・確定給付企業年金の 　代表事業所名又は企業年金基金名	
厚生年金基金に加入されていた方のみ 厚生年金基金加入員番号	
氏　名	フリガナ　　　　　　　　　　旧姓　フリガナ
生年月日	大正・昭和　　年　　月　　日
住　所	〒　　－
電話番号 9時～17時に連絡のとれる番号	（　　　）

（出所：企業年金連合会HPより）

　また、厚生年金基金への加入期間10年以上の人は加入されていた厚生年金基金団体へ郵送します。

【図表31　厚生年金基金の「老齢年金裁定請求書」の添付書類】

1	本人が記載されている住民票または戸籍抄本のいずれか1通（発行から6か月以内の原本で、交付日と市区町村の証明印があるもの）
2	次の①～③のいずれか1通 ①　国の年金手帳の基礎年金番号が記載されたページのコピー（写し） ②　厚生年金基金の加入員証のコピー（写し） ③　次の年金を受けている人は、その年金証書のコピー（写し） 　ア　厚生年金保険の特別支給の老齢厚生年金または老齢厚生年金 　　（60歳前から国の老齢厚生年金を受けている人は必ず添付してください） 　イ　旧厚生年金保険法および旧船員保険法の老齢年金、通算老齢年金または特例老齢年金

2　年金請求手続　45

(7) 雇用保険と老齢厚生年金の調整手続

雇用保険の高年齢雇用継続給付を受けるときは

　60歳以上65歳未満で在職老齢年金に該当する人が、雇用保険の高年齢雇用継続給付を受ける場合は、在職老齢年金の調整に加え、「給与の月額」の6％を限度とする額が支給停止されることは前述したとおりです。

　そのため、該当する人は届出が必要です。この届出をしないと、年金の支払いが一時保留されますので、速やかに届け出るように注意してください。

【図表32　雇用保険の高年齢雇用継続給付を受ける場合の届出内容】

届出先	年金事務所
届出用紙	老齢厚生・退職共済年金受給権者支給停止事由該当届
添付書類	高年齢雇用継続給付支給決定通知書（コピー可）

　なお、高年齢雇用継続給付支給決定通知書は、高年齢雇用継続給付の手続をしたときにハローワークからもらえます。

(8) 雇用保険の失業手当を受ける場合

加給年金も含めて年金が全額支給停止→該当者は届出を

　特別支給の老齢厚生年金を受けている人が、ハローワークで求職の申込をして、雇用保険の基本手当（いわゆる失業手当）を受ける場合は、加給年金も含めて年金が全額支給停止されますので、該当者は届出が必要です。

　なお、求職の申込後、基本手当を受けていない場合であっても、年金の支給停止を解除するまでには、時間を要しますので注意が必要です。

【図表33　雇用保険の失業手当を受ける場合の届出内容】

届出先	年金事務所
届出用紙	老齢厚生・退職共済年金受給権者支給停止事由該当届
添付書類	雇用保険受給資格者証（コピー可）

雇用保険受給資格者証は、雇用保険の基本手当の受給手続をしたときにハローワークからもらえます。

⑼　ねんきん定期便

年金加入記録回答票・書類の見方や回答票の記載方法の説明などが送付

　年金の記録漏れの問題を受けて、平成22年度から送付されるようになった年金加入記録などが記載された文書のことを「ねんきん定期便」といいます。

　日本年金機構から国民年金・厚生年金保険の加入者に毎年の誕生日に送付されます。なお、1日生まれの人には、誕生月の前月に送付されます。

　ねんきん定期便は、誕生日の2か月前にその前々月までの13か月間または全期間の記録を抽出して作成されています。

　「これまでの年金加入期間」、「これまでの保険料納付額と最近の月別状況」、「納付状況」のほか、50歳未満の人には、「これまでの加入実績に応じた年金額」、50歳以上の人には、「老齢年金の見込み額」が記載されています。

　通常は、過去1年間の保険料納付状況などが記載されていますが、35歳、45歳、58歳時には、「全加入期間の保険料納付状況」などが記載されたものが送付されます。

　このほかに、年金加入記録回答票、書類の見方や回答票の記載方法などを説明するリーフレット、回答票の返信用封筒などが送付されます。

転職を複数回経験されている人は自分の年金加入記録の確認を

　平成24年度以降は、ハガキで送付されますので、年金加入記録回答票やリーフレットなどは送付されません。

　ただし、平成24年度中に35歳、45歳、58歳の誕生日を迎える人へは封書で送付されます。

　転職を複数回経験されている人は、ねんきん定期便やねんきんネットで、自分の年金加入記録を確認されることを特にお勧めします。

　漏れや誤りが結構な頻度で発生しているからです。早速ご確認ください。

(10) 年金をもらい忘れてしまう事例とは

もらい忘れは、圧倒的に老齢厚生年金に多くみられる

　年金のもらい忘れは意外に多いものです。もらい忘れは、圧倒的に老齢厚生年金に多くみられるようです。
　もらい忘れの年金が特定されると、年金受給額は増額されます。

年金給付を受ける裁定請求をしないまま5年間経過すると時効

　年金給付を受ける裁定請求をしないまま5年間経過すると、5年を経過した部分の年金を受ける権利は、時効となり消滅してもらえなくなります。

年金記録の訂正による年金の増額分は、本人または遺族が全額もらえる

　しかし、平成19年7月6日施行の年金時効特例法によって、本来もらえたであろう過去の受給権発生時まで遡り、消滅した分も含めて、年金記録の訂正による年金の増額分は、本人または遺族が全額もらえることになりました。

年金をもらい忘れてしまう事例には、1つの特徴がある

　年金をもらい忘れてしまう事例には、1つの特徴があります。
　過去に転職を経験している人、会社勤めを辞めて自営業者になった人や公務員から民間企業のサラリーマンになった人、それから、これは女性に限定されますが、結婚前に妻本人が厚生年金に加入していて、サラリーマンの夫と結婚した人などが年金をもらい忘れてしまうなどが代表的な事例です。

複数の制度に加入した人は、もらい忘れを引き起こす危険性を含んでいる

　前述したとおり、公的年金には、国民年金・厚生年金保険・共済年金の3つの制度があります。
　代表的な事例に該当する人は、この3つの年金制度の中で、過去に2つ、もしくは2つ以上の制度にわたって、加入していた人です。

公的年金は、社会保険制度として、その加入が法律で義務化されており、国が運営について責任をもつ年金制度という性質があります。

　しかし、3つの各制度が別々に運営されてきた過去からの経緯があり、転職などで、3つの制度中の複数の制度に加入した人は、もらい忘れを引き起こす危険性を含んでいるといえます。

　自分がこの事例に該当するという人は、年金のもらい忘れがないかをすぐに確認をするべきだといえるでしょう。

　また、転職を経験していない人でも図表34に該当する人であれば、年金のもらい忘れの可能性がありますので、きちんとご確認ください。

【図表34　年金の請求もれが起こる可能性がある事例】

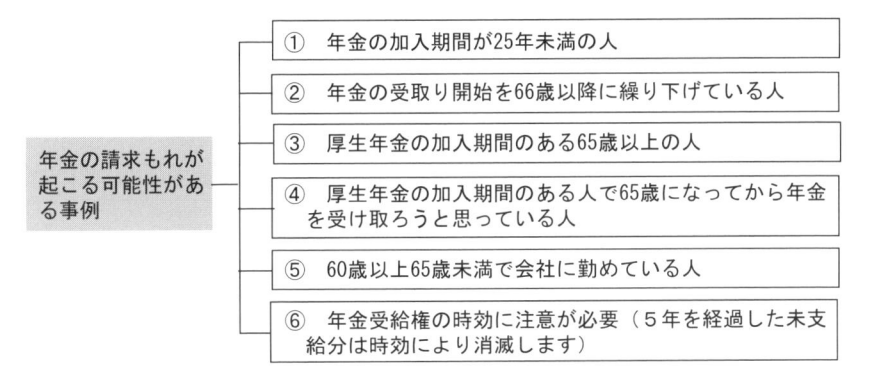

年金の請求もれが起こる可能性がある事例
- ①　年金の加入期間が25年未満の人
- ②　年金の受取り開始を66歳以降に繰り下げている人
- ③　厚生年金の加入期間のある65歳以上の人
- ④　厚生年金の加入期間のある人で65歳になってから年金を受け取ろうと思っている人
- ⑤　60歳以上65歳未満で会社に勤めている人
- ⑥　年金受給権の時効に注意が必要（5年を経過した未支給分は時効により消滅します）

年金の請求もれが起こる可能性がある人の確認

　図表34の①～⑥について、具体的に確認していきます。

例①　年金の加入期間が25年未満の人の確認

　「カラ期間」（合算対象期間ともいいます。）はありませんか。

　自分は年金の加入期間が25年未満で、「年金を受け取るために必要な期間」を満たしていないと思っている人は、一度、年金事務所で確認されることをお勧めします。

例②　年金の受け取り開始を66歳以降に繰下げている人の確認

　「70歳になれば、年金が自動的に支払われる」と思っていませんか。

仮に、65歳時に年金の受取り開始の繰下げを希望しても、その後、自分で請求手続を行わなければ、70歳になっても、年金は自動的には支払われませんので、繰下げを希望する人は特にご注意ください。

例③　厚生年金の加入期間のある65歳以上の人の確認
　「老齢厚生年金」または「老齢基礎年金」の請求を忘れていないですか。
　厚生年金の加入期間があり、年金を受け取る資格を満たしている人は、65歳から「老齢厚生年金」と「老齢基礎年金」の２種類の年金を受け取ることができます。
　どちらか１つだけの老齢年金を受け取っている人は、受け取っていない年金の請求手続を行う必要があります。

例④　厚生年金の加入期間のある人で、65歳になってから年金を受け取ろうと思っている人の確認
　「65歳前に年金を受け取り始めると、年金が減る」と思っていませんか。
　厚生年金の加入期間が１年以上あるなどの要件を満たす人に支払われる「特別支給の老齢厚生年金」について、65歳になる前に請求しても、年金額が減らされることがないとは前述したとおりです。

例⑤　60歳以上65歳未満で会社に勤めている人の確認
　「在職中は年金を受け取ることができない」と思っていませんか。
　会社に勤めている間の老齢厚生年金は、給与の額に応じて、支払額の調整が行われる場合がありますが、全額停止となる場合を除き、年金額の全部または一部を受け取ることができます。
　また、会社に勤めていても、パートなどの短時間労働なら、年金の支払額の調整はされず、100％の年金が受け取れます。

受け取る資格の確認にあたっての留意点
　在職中の人も年金を受け取る資格を満たしている場合は、請求の手続を行ってください。

退職してから年金の請求手続を行うと、年金の受給権の時効により、受け取れる年金が受け取れなくなる場合があります。特に注意が必要です。

失業保険をもらうときも年金の請求手続をしよう
　失業保険の受給期間中は、「特別支給の老齢厚生年金」を受け取れません。
　しかし、失業保険給付期間内であっても、失業認定日にハローワークへ行かず、失業認定を受けないなどで、失業保険をもらった日が1か月のうち1日もない月については、年金の支給停止が解除され年金を受け取ることができます。この場合、年金を受け取れるのは年金の支給停止解除の認定をされた3か月後となります。また、失業保険の給付期間が終了した後に年金は「事後精算」という調整が行われます。
　失業保険は必ずしも連続して受給する必要はありません。例えば、90日分の失業保険を受給できる場合でも、人によって失業保険の給付期間が3か月間の人もいれば、それ以上の月数の給付期間で受け取る人もいます。しかし、失業保険の給付期間中は年金の支給が停止しますので、同じ日数分の失業保険をもらう場合でも人によって年金の停止月数が異なります。
　このような不公平をなくすため、失業保険給付期間のため年金が停止している月数－（失業保険の支給対象になった日数／30日）で調整計算を行い、多く停止されている分の年金は後日受け取ることができます。

(11) 年金受給権の時効

判断に迷うときは年金事務所か年金相談センターで記録の照会や相談
　年金受給権の時効については、図表34の②～④の場合は注意が必要です。
　これは、年金の請求手続が遅れてしまい、時効によって、直近5年を超えてしまった部分の年金が受け取れなくなることです。
　年金の請求は早めに行うのは重要なことですが、判断に迷うことがあれば、年金事務所か年金相談センターで記録の照会や相談をするといいでしょう。
　また、年金事務所で年金見込額を試算してもらう場合は、夫婦で試算を依頼して、将来の夫婦2人の年金見込額を教えてもらうことをお勧めします。

3　老後の家計収支について考える

(1) 老後の生活費

老後の毎月の生活費がどのくらい必要かを把握する

　老後の毎月の生活費がどのくらい必要か、ということを理解しておくことは重要です。老後の収入は主に年金ということになります。

　したがって、もらえる年金額の範囲内で、毎月の基本的な生活費がまかなえるかどうかが、老後のマネープランを考える上では大きな分岐点になるからです。

　生活費の具体的な内訳では、図表35のようなものがあります。

【図表35　生活費の具体的な内訳】

①	消費支出	食料費、住居費、光熱水道費、家具・家事用品費、被服および履物費、保健医療費、交通・通信費、教育費、教養娯楽費、交際費など
②	非消費支出	税金や社会保険料など

　旅行やレジャー、趣味などの教養娯楽費や身内や友人とのつきあいなどの交際費は、個人差が大きく、世帯によっては金額も高額になることもあります。

　また、老後には医療費・入院費用で突発的に多額の費用が発生することもよくあることです。

　老後に必要な生活費を把握するには、現在の生活費を基準に、老後に毎月どのくらいの生活費が必要かを自分自身で洗い出すことで、おおよそ把握することができます。

夫婦2人の老後の生活費は、一般的に現在の生活費の7割程度かかる

　老後の生活費は、現在の生活費を基準に、老後に増えるであろう支出を足

して、逆に、減るであろう支出を引いて計算すればよいわけですが、夫婦2人の老後の生活費は、一般的に現在の生活費の7割程度かかるといわれています。

生活費の内訳も定年前と定年後では大きく変わる

　生活費の内訳も定年前と定年後では大きく変わってきます。例えば、食費や交際費の内容は、夫の定年前は仕事関係中心のつきあいでしたが、夫の定年後は家族や身内、近所中心のつきあいに変化するでしょう。

　ただし、これは人にもよるでしょうが、定年前の生活水準を急激に落とすことは、容易でないということも一般的にいえるのではないでしょうか。

(2) 老後の生活費の目安

平均的な世帯の実態がわかる

　そうなると、老後の生活費がいくら必要かを総論で議論することは意味がないということになってしまいますが、決してそんなことはありません。

　幸いにして日本では、政府や民間の調査機関により様々な統計資料が作成されています。それらの統計資料を参考にすれば、平均的な世帯の実態がわかるからです。

　まず、平成22年に生命保険文化センターが行った「生活保障に関する調査」によると、夫婦2人での老後の「最低日常生活費」の月額は、平均22万3,000円が必要と考えられています。

　さらに、ゆとりある老後生活を送るための費用は、「最低日常生活費」である22万3,000円にゆとりのための上乗せとして、旅行やレジャー、趣味や教養、身内とのつきあいなどの費用が付加され、月額で平均14万3,000円が必要と考えられています。

ゆとりある老後の生活費としては、月額平均で36万6,000円が必要

　すなわち、ゆとりある老後の生活費としては、月額平均で36万6,000円が必要であると考えていることになります。

【図表36　ゆとりある老後の生活費（全体平均）】

老後の夫婦2人の最低日常生活費 22万3,000円 ＋ ゆとりのための上乗せ 14万3,000円 ＝ ゆとりある老後の生活費 36万6,000円

（出所：生命保険文化センター「生活保障に関する調査」（平成22年度）より）

【図表37　ゆとりある老後の生活費（世代別）】

平均月額／年齢	老後の最低日常生活費	ゆとりのための上乗せ額	ゆとりある老後生活費
40歳代	22.7万円	15.4万円	38.1万円
50歳代	22.6万円	13.9万円	36.5万円
60歳代	22.7万円	13.6万円	36.3万円

（出所：生命保険文化センター「生活保障に関する調査」（平成22年度）より）

　また、平成22年、総務省が発表した「家計調査年報」において、「定年後の生活費として必要な金額」は、60歳以上の夫婦無職世帯で毎月26万4,948円、60歳以上の単身無職世帯では毎月15万7,532円という結果になっています。

定年後の生活費として必要な金額

　家計調査年報の「定年後の生活費として必要な金額」は、生命保険文化センターの意識調査結果にある最低日常生活費の22.3万円より多い結果となっています。

　この理由としては、家計調査年報にある実際の支出額には、ゆとりのための上乗せ額が14万3,000円までと行かないまでも、少なからず反映されていると考えれば説明がつくと思われます。

(3) 定年後の収入

定年後の収入は年金収入が中心

　定年後の収入は、サラリーマン時代と異なり、年金収入が中心となります。
　60歳以上の高齢夫婦無職世帯の実収入は、月平均額22万3,757円です。

【図表38 定年後の生活費として必要な金額】

支出内訳 \ 世帯月額	60歳以上 高齢単身無職世帯	60歳以上 高齢夫婦無職世帯
合計金額	15万7,532円	26万4,948円
食料費	3万1,731円	5万7,876円
住居費	1万4,061円	1万4,921円
光熱・水道費	1万2,289円	1万9,220円
家具・家事用品費	5,573円	9,187円
被服および履物費	4,249円	6,581円
保健医療費	8,368円	1万4,959円
交通・通信費	1万3,131円	2万4,652円
教育費	0円	2円
教養娯楽費	1万9,280円	2万9,315円
交際費などその他	3万7,281円	5万7,842円
税金・社会保険料	1万1,569円	3万393円

(出所:総務省「家計調査年報」(平成22年度)より)

【図表39 定年後の実収入】

支出内訳 \ 世帯月額	60歳以上 高齢単身無職世帯	60歳以上 高齢夫婦無職世帯
合計金額	12万8,491円	22万3,757円
勤め先・事業・内職による収入	1,425円	3,734円
社会保障給付(主には年金)	11万9,026円	21万1,162円
仕送り金	887円	919円

(出所:総務省「家計調査年報」(平成22年度)より)

　税金や社会保険料などの非消費支出、月平均額3万393円(図表38参照)を差し引いた可処分所得、いわゆる生活費に使うことのできる金額は19万3,364円となります。

生活費としての消費支出の月平均額は、23万4,555円となります。

可処分所得と生活費の不足分である4万1,191円は、年金などの収入だけでは不足することを意味しており、貯蓄の取崩しなどで対応しなければなりません。

【図表40　60歳以上の高齢夫婦無職世帯の月平均の家計収支】

| 夫婦2人の
可処分所得
19万3,364円 | − | 夫婦2人の
生活費（消費支出）
23万4,555円 | ＝ | 家計収支不足分
（貯蓄取崩分）
▲4万1,191円 |

定年後に働かずに生活をするためには1,000万円以上の貯蓄が必要

仮に、この男性が平均寿命の80歳まで生活する場合、可処分所得と生活費の不足分である月平均の家計収支▲4万1,191円は、60歳から80歳までの20年間で、▲988万5,840円になります。

そして、85歳・90歳と長生きすればするほど、可処分所得と生活費の不足分はさらに増加していきます。もちろん貯蓄を取り崩すことになりますが、貯蓄がなければ取り崩すこともできません。

このケースの場合、定年後に働かずに生活をするためには、少なくみても約1,000万円以上の貯蓄が必要になるということになります。

(4)　高齢者の貯蓄残高はどのくらい

高齢者夫婦世帯の平均貯蓄残高は約2,125万円

総務省発表の「全国消費実態調査」（平成21年）によれば、高齢者夫婦世帯の平均貯蓄残高は約2,125万円となっています。

また、高齢勤労者世帯が1,928万円、高齢無職者世帯が2,053万円となっています。

貯蓄残高は、そのほかの世帯と比べた場合、高齢者世帯が一番多い世帯となります。

高齢者夫婦世帯の平均貯蓄残高2,125万円は決して多いとはいえない

先ほどの高齢者夫婦世帯の平均貯蓄残高2,125万円は、一見十分なよう

な気がしますが、高齢者世帯は65歳の年金受給まで数年間の収入がない期間があることや、年金受給金額と老後の生活費に恒久的に不足金額がある場合のことを考えれば、高齢者夫婦世帯の貯蓄残高は決して多いとはいえないのではないでしょうか。

(5) 老後の生活への不安がある

9割近くの人が老後生活に不安をもっている

　図表41のとおり、自分の老後の生活に不安を感じている人は、その不安を感じる度合いに幅こそあるものの、50歳代が90.8％と最も多く、全体で9割近くの人が老後生活に対する不安をもっていることがわかります。

【図表41　老後の生活に対する不安の有無】

	全体	40歳代	50歳代	60歳代
非常に不安を感じる	26.0%	29.0%	26.1%	23.1%
不安を感じる	28.8%	31.8%	30.5%	25.8%
少し不安に感じる	31.0%	29.2%	34.1%	35.1%
不安感なし	11.5%	8.0%	8.3%	15.4%
わからない	2.7%	2.1%	1.0%	0.6%

(出所：生命保険文化センター「生活保障に関する調査」(平成22年度)より)

　少子高齢化などのわが国の現状や現行の社会保障制度の不安定性から、老後の生活を不安と考えない人はいないでしょう。
　この意識調査の結果は当然の結果でもあるといえるでしょう。

3つの老後の生活への不安

　このような社会で、老後の生活への不安は、次の3つに大別できます。
① 長生きや配偶者に先立たれた場合など、貯蓄と年金だけでの「生活資金への不安」
② 自分や家族の病気や介護などの「健康への不安」

3　老後の家計収支について考える

③ 残された家族、友人や地域社会との「人間関係への不安」

老後の不安感を感じる理由

次に、老後の不安感を感じる理由の上位は、老後の生活資金に関するものが目立っています。老後の生活資金では年金が収入の中心となります。

現役世代のような昇給やボーナスは当然ありません。年金収入は増えないということです。

【図表42　老後の生活に「不安感あり」と感じるその内容】

不安内容	全体	60歳代
公的年金だけでは不十分	83.7%	76.2%
日常生活に支障が出る	49.9%	49.8%
自助努力による準備が不足する	39.5%	30.5%
退職金や企業年金だけでは不十分	36.2%	16.8%
仕事が確保できない	35.8%	22.2%
貯蓄などの準備資金が目減りする	20.3%	23.3%
配偶者に先立たれ経済的に苦しくなる	19.0%	17.9%
子どもからの援助が期待できない	16.5%	24.5%
利息・配当収入が期待どおりにならない	11.8%	13.1%
住居が確保できない	4.4%	2.3%
その他	0.9%	1.3%
わからない	0.5%	0.0%

(出所：生命保険文化センター「生活保障に関する調査」（平成22年度）より)

(6) 老後の生活への不安を解消するには

老後の生活への不安を解消するために必要なこと

老後の生活への不安を解消するために、大別して次の3つが必要となります。

① 老後の家計収支が、貯蓄と年金だけで生活することが可能なこと
② 病気や介護問題に不安がなく、健康で生活できること
③ 老後の生活への自分の希望や気持ちが満たされていること

人生80年

　ところで、厚生労働省発表の平成22年の簡易生命表では、日本人の平均寿命は男性が79.64歳、女性が86.39歳となっています。
　周知のとおり、日本人の平均寿命は「人生80年」で世界有数の長寿国です。
　前述のとおり、長生きリスクを念頭に老後の生活を考える必要があります。長生きすればするほど、老後の生活のマネープランは厳しい現実も受け入れなければなりません。

90歳まで生きることを前提に老後のマネープランを考える

　平均寿命の80歳より、さらに10年先の90歳まで生きることを前提にして、老後のマネープランを考えるほうが得策だといえます。

医療費や介護費用が増加する可能性が高まる

　また、長生きすることで、身体が不自由になったり、認知症になったりする可能性も大きくなります。
　言い換えれば、長生きすることにより、医療費や介護費用が増加する可能性が高まるのです。
　このように、老後の生活への不安と平均余命は密接に関係しているのです。もちろん、長生きすればするほど、病気や介護への不安も増していくことでしょう。

平均余命は、1つの目安にはなる

　自分自身の余命が正確に予測できれば、老後に必要となる生活資金のプランニングは簡単ですが、誰しも自分の余命を知ることはできません。
　しかし、平均余命は、1つの目安にはなります。できれば、少なくとも平均余命＋5年ぐらいを目途に生活資金のプランニングを行いましょう。

【図表43　日本人の平均余命】

年齢	男性の平均余命
0歳	79.64年
60歳	22.84年
70歳	15.08年

年齢	女性の平均余命
0歳	86.39年
60歳	28.37年
70歳	19.53年

（出所：厚生労働省「簡易生命表」（平成22年度）より）

(7) 老後のマネープランを具体的に考える

老後のマネープランを考えていく手順

それでは、実際に老後のマネープランを考えていく手順を、具体的に検討していきましょう。

① 資産一覧表・負債一覧表の作成

年金受給開始時の資産合計から負債合計を引いて、正味財産額を把握します。この計算により、年金受給開始時に、自分にどのくらいの財産があるのかがよくわかります。

自分と家族のために、実際にどのくらいの財産があるのか、年金受給開始時の正味財産額を把握します。

【図表44　自分の年金受給開始時の資産一覧表】

預貯金	円
国債	円
投資信託	円
株式	円
生命保険（貯蓄タイプ）	円
その他の換金性の高い資産	円
年金受給開始時の資産合計	円

資産一覧表を作成する場合、不動産のような換金性の低い資産は含めない

ことがポイントです。

【図表45　自分の年金受給開始時の負債一覧表】

住宅ローン残高		円
その他の借入残高		円
年金受給開始時の負債合計	▲	円

　ただし、年金受給時点において、負債はないことが老後のマネープランを考える場合には極めて重要です。
　可能であれば、残債はすべて返済しておくことをお勧めします。

【図表46　自分の年金受給開始時の正味財産】

年金受給開始時の資産合計		円
年金受給開始時の負債合計	▲	円
年金受給開始時の正味財産		円

② 年金などの毎月の収入合計を計算する

　年金などの毎月の収入合計を図表47により計算します。

【図表47　自分の年金受給後の収入一覧表（月額）】

収入（月額）	夫	妻
年金	円	円
給与	円	円
失業給付	円	円
高年齢雇用継続基本給付金	円	円
個人年金	円	円
その他	円	円
収入合計（月額）	円	円

③ 老後の生活費を具体的な金額で見積る

　まず、現在の生活費を図表48の左欄に書き出します。この作業で、現在の生活費の問題点や無駄が見えてくるかもしれません。

次に、図表48の右欄に、年金開始受給時の生活費の見込額を書き込みます。もちろん、現在と年金受給開始時点では、生活状況自体が大きく変わりますので、慎重に見直すことが重要です。

【図表48　現在の生活費と定年後の生活費一覧表（月額）】

支出（月額）	現在の生活費	年金受給開始時の生活費
食料費	円	円
住居費	円	円
光熱・水道費	円	円
家具・家事用品費	円	円
被服・履物費	円	円
保健医療費	円	円
交通・通信費	円	円
教育費	円	円
教養娯楽費	円	円
交際費などその他	円	円
税金・社会保険料	円	円
支出合計（月額）	円	円

④　家計収支の過不足を計算

図表47の収入合計（月額）と図表48の支出合計（月額）の差額を計算します。

老後の家計収支の計算の結果はどのようになりましたか。

老後の家計収支計算の結果、収入合計が支出合計を超過して資金的に余裕がある場合は何も問題ありません。

しかし、支出合計が収入合計を超える場合（つまり収入が支出よりも不足している）は、その不足分について貯蓄を取り崩すか、定年後も継続して働くなど、何らかの方法で不足分を補わなければなりません。

いかがですか、自分の年金受給開始時の家計収支表から、老後のマネープ

【図表49　年金受給開始時の家計収支表】

年金受給開始時の収入合計		円
年金受給開始時の支出合計		円
年金受給開始時の家計収支（月額）		円

ランが具体的にイメージできましたか。

⑻　家計収支が不足する場合にまず考えるべきこと

生活費を見直す

　家計収支が不足するときには、生活費を見直し、家計支出を削るということが一番実効性のある解決方法です。

　生活費の無駄について、更に省ける箇所はないか見直しを進めます。

不要な費用を削減

　まず、不要な費用を削減しましょう。場合によっては車を手放すのも方法です。車を所有すると年間の維持費は案外かかるものです。

　都市部の交通の便がよいところにお住まいの場合は車を手放すことで、車の維持費をなくすことが効果的です。

　趣味や交友関係の費用についても、できるだけ減らしてみるのも効果的です。外食や出かけることを少し減らすことでも効果が期待できます。

食費など日々の生活費切り詰めは余程のとき以外はやらない

　しかし、食費など日々の生活費を切り詰めることは、余程のとき以外はやらないほうがいいでしょう。

　続けてお風呂に入るなどの苦にならない範囲で節電したりするのは構いませんが、無理をすることは快適な生活を過ごすという本旨から逸脱することになり、長続きしないでしょう。

4　年金・貯蓄で老後に備えるのが基本

(1) 老後の生活への備えは自助努力

自助努力で準備をされている人がかなり多い

　図表50のとおり、老後の生活のための経済的な準備状況の調査結果をみると、何らかの手段で「準備している」という回答が6割を超えていますが、「準備していない」という回答も4割近くあります。

【図表50　老後保障に対する私的準備状況】

準備している		61.2%
（準備手段）	預貯金	42.6%
	個人年金保険・変額個人年金保険や生命保険	40.4%
	損保の年金型商品	8.0%
	有価証券	6.1%
	その他	0.6%
準備していない		36.2%
わからない		2.7%

（出所：生命保険文化センター「生活保障に関する調査」平成22年度（複数回答）より）

　具体的な準備手段では、「預貯金」が最も多くなっていますが、民間の生命保険会社などの保険商品も結構多いという結果になっています。
　この調査からわかるように、老後の生活への不安を感じて、自助努力で準備をされている人がかなり多いことが理解できます。

もはや年金だけでは老後の生活を支えることは困難

　年金だけでは、もはや老後の生活を支えることは困難であるという感覚を

もっている人が多いともいえるでしょう。

(2) 準備した貯蓄はいつから使い始める

老後資金の利用開始年齢の全体平均は64歳

　自助努力により準備した老後資金（貯蓄）をいつから使い始めるかの調査結果をみると、図表51のとおり、老後資金の利用開始年齢の全体平均は「64.0歳」となっています。

【図表51　老後資金の使用開始年齢】

	全体	50歳代	60歳代
59歳以下	2.7%	2.1%	2.9%
60歳	27.1%	25.4%	20.3%
61歳～64歳	3.7%	4.1%	6.9%
65歳	34.2%	39.6%	27.7%
66歳～69歳	1.5%	1.3%	2.8%
70歳	12.2%	12.4%	18.6%
71歳以上	2.3%	1.7%	6.0%
わからない	16.2%	13.4%	14.8%
平均	64.0歳	64.1歳	65.2歳

（出所：生命保険文化センター「生活保障に関する調査」（平成22年度）より）

　全体の年齢において、60歳から65歳で老後資金（貯蓄）を使い始めると思っている人が65%という結果になっています。
　定年後の収入が年金に変わる時期や家計収支がマイナスになる時期と重なっていることがわかります。

公的年金だけでは生活費がまかなえないと考える人が多いことと不可分ではない

　自助努力で準備した老後資金を65歳から取り崩して使っていこうと考える人が多いことは、公的年金だけでは生活費がまかなえないと考える人が多

いことと不可分ではないように思えます。

(3) 老後の生活資金の準備はどうする

どのような手段でまかなっていくかをみると

図表52のとおり、老後の生活資金の準備手段として、「公的年金」や「預貯金」などを考えている人が圧倒的に多いことがわかります。老後の主な収入が「公的年金」であることが調査結果からも理解できます。

【図表52　老後の生活資金をまかなう手段】

	全体	60歳代
公的年金	87.2%	91.0%
預貯金	67.9%	64.6%
企業年金・退職金	39.0%	28.8%
個人年金保険	30.7%	23.9%
老後も働いて得る収入	17.9%	10.7%
生命保険	12.4%	12.6%
変額個人年金保険	9.7%	7.4%
有価証券	7.1%	10.5%
損保の年金型商品	4.4%	3.5%
不動産による収入	4.0%	5.9%
わからない	3.3%	1.6%
子どもからの援助	2.6%	4.9%
その他	1.0%	1.7%

（出所：生命保険文化センター「生活保障に関する調査」平成22年度（複数回答）より）

家計収支の不足が生じる場合には預貯金や退職金などを取り崩す

老後の生活資金は、年金が主な収入となり、家計収支の不足が生じる場合には、預貯金や退職金などを取り崩していく現状が反映された結果となって

います。

(4) 老後の生活への経済準備は充足されているか

「充足感なし」と感じている人が圧倒的に多い

　図表53のとおり、老後生活資金の充足感について、「充足感なし」と感じている人が圧倒的に多いことがわかります。若年者が少なく、高齢者が多い人口構成である少子・高齢化社会の現在において、公的・私的な老後資金準備に対する不安要素が多いことが理解できます。

【図表53　老後保障に対する充足感】

		全体	50歳代	60歳代
充足感あり		15.6%	17.4%	25.1%
	十分足りている	1.3%	1.6%	2.3%
	どちらかといえば足りている	14.2%	15.8%	22.8%
わからない		9.5%	5.5%	6.7%
充足感なし		74.9%	77.1%	68.1%
	どちらかといえば足りない	43.6%	49.0%	42.1%
	まったく足りない	31.3%	28.1%	26.0%

（出所：生命保険文化センター「生活保障に関する調査」（平成22年度）より）

定年までにできるだけ自助努力によって老後資金を準備すべし

　老後の生活に対する不安意識を持っている人が8割を超えている現状を踏まえて、定年までにできるだけ自助努力によって、老後資金の準備をすべきであるといえます。

今後、老後の生活資金不足に陥る人が増加する

　しかしながら、今後、老後の生活資金不足に陥る人が増加するのではないかということが懸念されます。

　というのも、一昔であれば、定年前なら、毎月の給料収入から税金や社会

保険料を引いた手取り額から、毎月の生活費を支出した残りがプラスになり、それが貯蓄の原資になるという状況が一般的でした。

「1年前と比べて貯蓄残高が減った」と回答した世帯が最も多いのが50歳代

ところが、最近の調査「家計の金融行動に関する世論調査（平成22年）」によれば、「1年前と比べて貯蓄残高が減った」と回答した世帯が最も多いのが50歳代（全体の46.5％）です。これは60歳代の44.0％、70歳以上の42.1％よりも多い数字なのです。

その理由としては、「耐久消費財（自動車など）購入費用の支出があったから」、「子どもの教育費用、結婚費用の支出があったから」というのは、まだ納得がいくとしても、「定例的な収入が減ったので金融資産を取り崩したから」という回答が5割強となっているのです。

終身雇用の崩壊、景気の悪化など、その社会的要因はいろいろと考えられます。また、ニートや未婚者の増加により、親と同居する子どもが増えたこともその原因のひとつかもしれません。

かつては、50歳代といえば、給料も年々伸びて、子どもも独立し、定年前の貯蓄に励むという世代であったはずです。それが貯蓄を減らさざるを得ない状況になってきたということは大変危惧すべきことです。

貯蓄残高（平均値と中央値は違う）

「高齢者夫婦の世帯の平均貯蓄残高2,125万円は決して多いとはいえない」という問題提起をしましたが、実は必ずしも実態を反映していないのです。

平均値は少数の高額貯蓄保有世帯によって大きく引き上げられるため、平均値だけでみると、多くの世帯が実態とかけ離れた印象をもつのです。このような平均値の欠点を補うため使われるのが中央値です（全世帯では900円）。

ここでいう中央値とは、全世帯を貯蓄残高の少ない順（あるいは多い順）に並べたとき、ちょうど真ん中に位置する世帯の貯蓄残高のことです。

これを高齢者夫婦世帯に単純に当てはめれば、高齢者夫婦世帯の半分が1,257万円（900万円×2,125万円÷全世帯の平均貯蓄残高1,521万円）以下の貯蓄残高しか持たないということになります。

5　不意の出費も意識する

(1) 急な出費にも備える心構えが大事

突然、前触れもなく訪れる事柄

　突然、前触れもなく訪れる事柄に対しては、偶然うまく対応することはできたとしても、事前に把握して準備することは困難です。

　ましてや、若年時なら想定しなくてもよかった身体の不調なども定年前後や老後の時期には、何が起こっても不思議ではないということを本人やその家族が念頭においておく必要があります。

急な出費はたくさん起こる

　自分もしくは家族がケガや病気などが原因で、介護が必要になる可能性は誰にでもあるといえます。もちろん介護保険（第2章参照）もありますが、これにも自己負担が発生します。

　在宅介護または介護施設を利用しなければならないのか、これも要介護の程度によって費用負担は増減します。

　未曾有の自然災害などに遭遇して、住居に甚大な被害が及ぶこともないとは言い切れません。

　これ以外にも、急な出費はたくさん起こります。子どもの結婚や住居購入の援助、孫の教育資金の援助など、顔は笑いながら、心で泣くような気持ちの出費が起こる可能性もあります。

転ばぬ先の杖を忘れないように

　このような急な出費が起こる可能性はゼロではないということです。そのことだけは忘れないでください。これらのことが取り越し苦労であったら幸いです。しかし、転ばぬ先の杖という諺もあります。

6　子どもに資産を残す

(1)　いくらぐらい遺産を残したいか

「1,000～2,000万円未満」が最も多い

　図表54をご覧ください。

【図表54　子どもに残したい遺産金額】

遺　産　金　額	割　合
1,000万円未満	9.6%
1,000万円～2,000万円未満	25.0%
2,000万円～3,000万円未満	17.4%
3,000万円～4,000万円未満	15.7%
4,000万円～5,000万円未満	4.9%
5,000万円～7,000万円未満	14.7%
7,000万円～1億円未満	3.0%
1億円以上	9.8%

（出所：旧ゆうちょ財団「金融資産選択調査」（平成18年）より）

　「子どもに遺産を残したい」と回答した人に残したい遺産金額を聞いた結果、「1,000～2,000万円未満」が最も多く、次いで、「2,000～3,000万円未満」となっていますが、5,000万円以上という回答も多いのには驚かされます。

　1,000万円未満の遺産を残したいと答えた人の割合は、1割にも満たない結果でした。

自分は多少ガマンしても子どもに渡してやりたいという親心の表れ

　この調査結果は「子どもに遺産を残したい」と回答した人に残したい金額

を問うた結果ですので、大きめな金額になっているようにも感じます。
　金額の大小はありますが、自分は多少ガマンしても子どもに渡してやりたいという親心の表れともいえる調査結果です。

子どもに残すお金は自分が使いきれなかった残りを残す
　子どもに残すお金は自分が使いきれなかった残りを残すと考えても、悪くはないと思います。

自分の生きがいを持って、自分のためにお金を使うことを優先すべき
　自分の寿命は誰にもわからないものです。子どもに自分の老後の面倒をかけたくない人、逆に子どもに自分の老後の面倒をみて欲しい人、いろいろな考えの人がいます。
　人生のセカンドライフともいえる老後の生活は、かけがえのない時間でもあります。自分の生きがいを持って、自分のためにお金を使うことを優先すべきでよいのではないでしょうか。
　自分の老後を豊かにするため、ゆとりをもった生活にするために資金を有効に使うようにしてください。

自分が多くの資産を相続された経験のある人の場合
　老後の生活資金について、余裕のある人も多いですが、そのような人からよく次のようなご質問を頂戴します。それは、「子どもに財産をいくら残すべきか」という内容の質問です。
　自分が多くの資産を相続された経験のある人でしたら、なお更そのようにお考えになられるのかもしれません。

⑵　財産は誰のために残す

遺産を残さない、あるいは遺産を残せないことを肯定する人が多い
　図表55のとおり、遺産を残すことについての意識調査の結果では、「残す財産がないので、遺産を残すことは考えていない」を選んだ人と、「遺産

【図表55 遺産を残すことについての意識】

項　　目	割合
残す財産がないので、遺産を残すことは考えていない	31.4%
遺産を残すかどうかは考えていない	22.8%
子どもになるべく多くの遺産を残したい	22.2%
自分の人生を楽しみたいので、遺産を残すことは考えていない	8.9%
遺産は残したいが、誰に残すか決めていない	8.2%
子どものためだけでなく、困っている人や社会・公共の役に立てるような使い方を考えたい	2.2%
子どものためだけでなく、看護や介護をしてくれたボランティアや施設にも残したい	1.5%
その他・無回答	2.8%

（出所：内閣府「国民生活選好度調査」（平成18年度）より）

を残すかどうかは考えてはいない」を選んだ人の割合を合わせれば過半数を超えており、遺産を残さない（あるいは、遺産を残せない）ことを肯定する人が多いことがわかります。

また、「自分の人生を楽しみたいので、遺産を残すことは考えていない」を選んだ人の割合も1割弱となっています。

自分の遺産を社会やお世話になった人などに使いたい

逆に「子どもになるべく多くの遺産を残したい」を選んだ人は約2割に過ぎません。

驚くべきは、子どものためだけでなく、「困っている人や社会・公共の役に立てるような使い方を考えたい」という人や、「看護や介護をしてくれたボランティアや施設にも残したい」という人も、少ないながらいるという事実です。

自分の遺産を社会やお世話になった人や施設に残したいと考える人の存在は、人間の意識の変化を感ぜざるを得ません。

7　資金運用

(1) 安全第一を考える

素人が定年後いきなり株や不動産投資に手を出してもうまくいくはずがない

　サラリーマン時代に、常々株を購入したり投資用不動産を購入したりした経験がある人は、投資（資金運用）の醍醐味や難しさも十分に認識されているでしょう。

　そういう人は別として、素人が定年後いきなり投資（資金運用）だといって、株や不動産投資に手を出してもうまくいくはずがありません。

　せっかく投資したのに、ふたを開けてみたら大きく元本割れなどという話が、あちこちで聞かれます。元本割れならまだしも、投資した資金の大半を

【図表56　金融商品のリスク】

リスクの種類	内　容
① 価格変動リスク	（内容）社会や経済の状況や企業の業績に起因し、金融商品の価格が変動する場合がある。
② 金利リスク	（内容）金利変動によって、金融商品の価値が増減する場合がある。例えば、金利水準が上昇すると、債券の市場価格が下がってしまうリスクがある。
③ 為替リスク	（内容）外国為替相場の変動によって、金融商品の価値が増減する場合がある。例えば、円高が進行している時に外貨建て金融商品を日本円に換金した時に為替差損を被る場合がある。
④ 信用リスク	（内容）株や債券の発行元が元本の予定通りの返済ができなくなるリスク（破綻など）が起こり、それらの有価証券が無価値になってしまうこと。
⑤ 流動性リスク	（内容）投資した金融商品が何らかの理由によって、必要な時に全く、もしくは理論的な価値で現金化できない場合のこと。
⑥ インフレリスク	（内容）物価水準の上昇によって、相対的にお金の価値が目減りして、金融商品の価値も下がる場合のこと。

失ってしまったという悲惨な話もよく耳にします。

この世にはうまい儲け話などない

　それと、この世にはうまい儲け話などないのです。老人がうまい儲け話があるといって、詐欺商法の被害にあう事件が後を絶ちません。
　ローリスクハイリターンな投資があれば誰もがするでしょうが、それこそ、この世にそんなうまい儲け話は残念ながらありません。

定年後の資金運用はリスク回避を優先すべき

　定年後の資金運用はリスク回避を優先すべきです。
　金融商品には図表56のようなリスクがあります。
　まずは、投資しようとする金融商品のことをよく調べ、個々の金融商品が持つ固有の損失リスクをよく理解することが重要です。

【図表57　金融商品のリスクを最小限にするための6つのポイント】

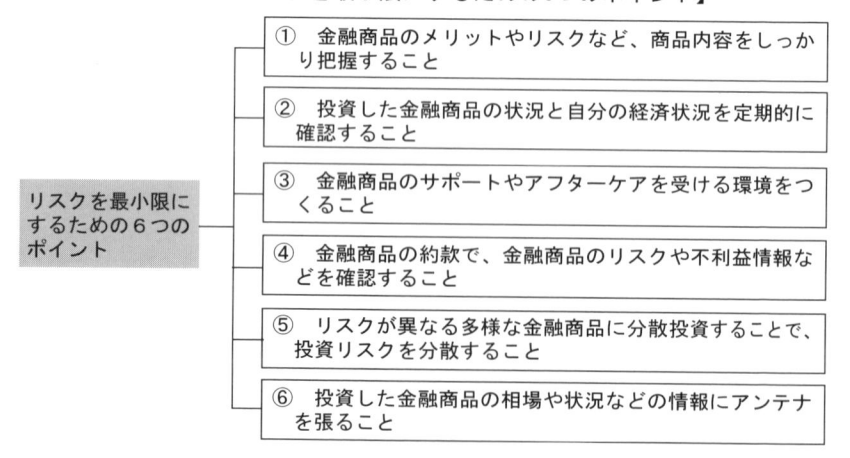

リスクを最小限にするための6つのポイント	
①	金融商品のメリットやリスクなど、商品内容をしっかり把握すること
②	投資した金融商品の状況と自分の経済状況を定期的に確認すること
③	金融商品のサポートやアフターケアを受ける環境をつくること
④	金融商品の約款で、金融商品のリスクや不利益情報などを確認すること
⑤	リスクが異なる多様な金融商品に分散投資することで、投資リスクを分散すること
⑥	投資した金融商品の相場や状況などの情報にアンテナを張ること

(2)　資産3分法

資産3分法とは

　資産3分法とは、資産を「流動性（いつでも引き出せる資金）・安全性（元本割れのない資金）・収益性（利殖優先の資金）」の観点から3つに分割する

考え方です。この3つを兼ね備えた資産は、理論上存在しません。

それぞれの資産の各性格を組み合わせた、資産全体として安全性、流動性、収益性のバランスを取ることで、分散投資を図るということが主な目的となっています。

【図表58　金融商品の選択基準】

年代・世帯	選 択 基 準			
	収益性	安全性	流動性	その他
単身世帯	22.4%	26.0%	34.4%	17.2%
2人以上世帯	15.3%	42.2%	31.9%	10.5%
50歳代	15.1%	43.0%	31.7%	10.2%
60歳代	15.5%	44.1%	31.7%	8.7%

(出所：金融広報中央委員会「家計の金融行動に関する世論調査」(平成23年))

(3) 代表的な金融商品

預貯金

預貯金は、基本的にはペイオフ制度で1銀行あたり一定の金額（1,000万円）が保障されています。つまり基本的には元本が保証されている金融商品です。

したがって、ローリスク・ローリターンとなりますが、各種振込や、預金引出など、老後の資金管理には必要不可欠なものです。

投資金額は、他の元本割れリスクのない金融商品と合わせて、全体の50％超が望ましいでしょう。実際、金融広報中央委員会の「家計の金融資産に関する世論調査」（平成22年）でも、預貯金の金融資産全体（預貯金・保険・有価証券・その他の金融商品）に占める割合は、50歳以上で49.9％・60歳以上で52.7％・70歳以上では60.6％となっています。

しかし、預金だからといって、リスクがゼロというわけでもありません。俗にいうハイパーインフレのときなどには、預貯金の価値は大きく目減りするので、不動産や金などの実物資産を保有しているほうが強いといわれてい

ます。また、円資産だけで金融資産を持つというリスクも今後ますます大きくなることも危惧されます。

預貯金には、流動性の高い普通預金（銀行）・通常貯金（ゆうちょ）と安全性の高いスーパー定期預金（銀行）・定額貯金（ゆうちょ）などの定期性預金があります。

先ほどの金融広報中央委員会の「家計の金融資産に関する世論調査」（平成22年）によれば、預貯金全体に占める定期性預金の割合は、50歳以上で62.1％・60歳以上で65.3％・70歳以上では65.7％となっています。

日本株

株式とは、株式会社を構成する単位であり、株式会社が発行する出資証券のことです。株式を持つということは、その会社に出資するということで、間接的にその会社の経営に携わるということになります。一般的に株式投資は、預金や債券と比べてハイリスク・ハイリターンとなります。

しかしながら、最近の株価低迷により、配当利回り（配当金÷購入価格）が定期性預金を大きく上回るような株式も登場しており、必ずしもハイリスク・ハイリターンともいえないものもあります。

株式投資の収益は、配当金と株式売却益に分けられます。東証一部上場だけで、1,700を超す銘柄が存在します。その中から有効な投資先を選び、いかに分散投資してリスクを避けるかが大切です。それには、豊富な知識と経験が必要ですので、素人が定年後積極的に株式投資を始めることはあまりお勧めできません。

国債などの債券

政府が社会資本の充実や一時的な歳入不足を補うなどのために発行する債券が国債です。国の発行する安全性の高い金融商品ですが、国や地方自治体の借金が1,000兆円になろうという状況では必ずしも100％安全とは言い切れないのかもしれません。

なお、国債には、超長期国債（15年・20年・30年・40年）・長期国債(10年)・中期国債（2年・5年）・国庫短期証券（2か月・3か月・6か月・1年）

などがあります。また、個人向国債と呼ばれる、原則、個人だけが購入できる国債もあります。

額面金額1万円から1万円単位で購入でき、国が元本と利子の支払いを保証し、また満期時に元本（額面金額）を受け取ることができるため、長期の安定した資産運用方法として人気があります。

投資信託

投資信託とは、投資家から集めた資金を1つのファンドにまとめて、運用の専門家であるプロのファンドマネージャーと呼ばれる人が、国内の株式、国債、債券などで運用し、その運用成果に応じて、収益を分配するという金融商品です。元本保証のない金融商品ですが、運用実績によっては、大きな収益を得ることが可能です。

投資信託には、リスクの度合いが異なる様々なファンドがあります。MMFやMRF、公社債投信など債券を中心に運用するものは、リスクは比較的に小さいですが、収益分配金も小さくなります。一方、国内株式や海外株式を中心に運用するものは、リスクも大きくなりますが、その分収益分配金も大きくなります。

なお、先ほどの金融広報中央委員会の「家計の金融資産に関する世論調査」（平成22年）によれば、金融資産全体に占める有価証券（株式・債券・投資信託）の割合は、50歳以上で11.8％・60歳以上で17.9％・70歳以上では16.8％と高くなっていますが、債券や投資信託の割合が多いためであると思われます。

生命保険

生命保険は、もともと人の死亡保障や医療保障を目的とした商品です。したがって、死亡や病気のリスクに備えるために加入するものです。そのため、年を取るにつれて生命保険のニーズは減少してきます。

実際、先ほどの金融広報中央委員会の「家計の金融資産に関する世論調査」（平成22年）をみても、金融資産全体に占める保険（生命保険・損害保険・個人年金保険）の割合は、50歳以上で32.2％・60歳以上で26.6％・70歳

以上では 19.5％となっていますから、統計的にもそのことがうかがえます。

そのような生命保険ですが、収益性の高い生命保険もあります。「一時払終身保険」という商品は、契約時に保険料を保険会社に一括払いして、一生涯の死亡保障を確保できる保険商品です。円建てと外貨建てがあり、外貨建てのほうが一般的に予定利率が高くなります。数百万円の保険料を支払った場合、年齢、性別にもよりますが、支払った保険料より高い死亡保険金額の契約に加入することができます。また、普通預金や定額貯金などよりも利回りが高い場合が多く、運用の手段としても利用されています。

円建てであれば、加入後だいたい３年で元本割れのリスクはなくなります。

一方、外貨建ては、加入後は為替リスクが生じますので、為替市場の動向でそのリスクは変動します。外貨建ての場合、解約時に為替市場が円安に大きく傾くと、その収益も大きくなります。

逆に円高になると、差損が生じます。しかし、外貨建ての場合、死亡保障額が、円建てと比べかなり高くなるので、万一、加入者が死亡した場合などは、その保険金が相続税対策などに役立つ場合もあります。

銀行と違い、生命保険には「ペイオフ制度」はありません。その代わり「生命保険契約者保護機構（以下、保護機構といいます）」というものがあります。保護機構は平成10年に設立された法人で、国内で事業を行うすべての生命保険会社（共済などを除きます）が会員として加入しています。

保険機構は、生命保険会社が破綻した場合、救済会社が決まっても、決まらなくても、資金援助を行うことにより、保険契約者の保護を図ります。いずれの場合も、補償対象契約の責任準備金の90％まで補償されます。

⑷　目標とすべき運用収入

老後の資金運用で毎月どのくらいの収入を目標とすべきか

これからは、老後の資金運用で毎月どのくらいの収入を目標とすべきかを考えていきましょう。

図表40によれば、60歳以上の高齢夫婦無職世帯の月平均の家計収支は、毎月4万1,191円の赤字となります。そうすると、ほかに特に収入がなけ

れば4万1,191円を資金運用で稼ぎだせば毎月の家計収支はバランスすることになります。

前に述べたとおり、総務省発表の「全国消費実態調査」（平成21年）によれば、高齢者夫婦世帯の平均貯蓄残高は約2,125万円となっています。

仮に、資金運用の原資が2,125万円だったとしますと、毎月4万1,191円の収益であれば運用利回りが年率2.3％程度あればいいという計算になります。

2.3％という利回りを預貯金の運用だけのみで達成するのは、さすがに困難です。しかし、もう少し利回りの高い金融商品をうまく組み合わせること（これをポートフォリオといいます）ができれば、あながち達成できない利回りでもありません。

ハイリスクハイリターンな資金運用などはしないという姿勢が重要

以上、老後の資金運用についていろいろと考えてきましたが、老後の資金運用については、安全第一でという基本だけは忘れず、無理のない資金運用を心掛けてください。特にハイリスクハイリターンな資金運用などはしないという姿勢が重要です。

土地があれば不動産投資の検討も

自己所有の土地があれば、不動産投資も一考の価値があります。

不動産投資というと、一般的にはアパートを建てて賃料収入を得ることを考えます。もちろん、月々のローン返済額や諸経費合計よりも賃料収入のほうが多ければ、老後資金にかなりの余裕ができます。

しかし、アパート経営は多額の投資を必要とします。それに加えて、空室発生のリスクもあります。自己所有の土地の立地条件がアパート経営に適しているかどうかを慎重に検討する必要があります。

もっと手っ取り早いのは「駐車場」経営です。駐車場経営のメリットは何より投資資金があまりかからないことです。空き地に数台程度の駐車場をつくっても、それなりの賃料収入が見込まれるのであれば、十分検討に値します。

8　生命保険を見直す

(1) 現在加入の生命保険の確認と見直し

生命保険へのニーズも年齢とともに変わる

　生命保険は、もしものときに必要となるお金を補うものです。自分や家族がケガをしたとき、病気になったとき、あるいは、死亡したときに、家計の経済状況が悪化するのを防ぐために加入するものです。
　このように大切な生命保険ですが、生命保険へのニーズも年齢とともに変わってきます。
　ところが、自分の加入している保険内容を正確に理解している人は意外と少ないのではないでしょうか。
　どういう場合に保険がおりるのか、解約するとどうなるのかといったことを知らないことには、生命保険をどうするかの判断もできません。

加入している生命保険の確認をする

　定年前後の時期こそ、加入している生命保険について、生命保険証券やご契約のしおり（約款）を確認しておくことをお勧めします。

【図表59　老後の生活に役立てるための生命保険チェックリスト】

生命保険証券やご契約のしおり（約款）の チェックリスト（4項目）	自分で記入
①　「何のために」加入していますか？（○印、複数可）	死亡・医療・介護
②　「いくら」の保険金がどういうときにもらえますか？	死亡　　　　万円 医療日額　　　円
③　「いつまで」保障されますか？	（　）歳まで 年間
④　「保険料の負担」はいくらでいつまで？	月額　　　　円 歳まで

生命保険の3つの基本型

複雑そうにみえる生命保険ですが、死亡保険の基本は3種類です。多くの人が加入している生命保険もこれらの組合せです。

【図表60　生命保険の3つの基本型】

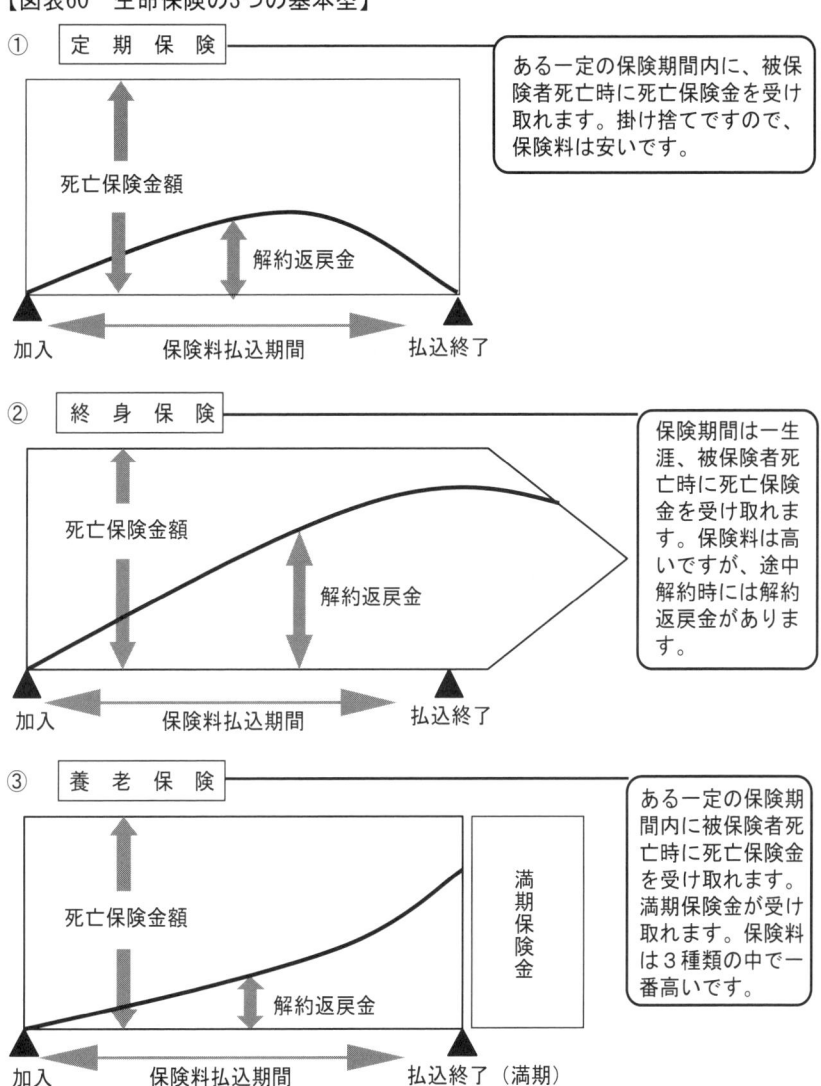

① 定期保険

ある一定の保険期間内に、被保険者死亡時に死亡保険金を受け取れます。掛け捨てですので、保険料は安いです。

（図：死亡保険金額、解約返戻金、加入～保険料払込期間～払込終了）

② 終身保険

保険期間は一生涯、被保険者死亡時に死亡保険金を受け取れます。保険料は高いですが、途中解約時には解約返戻金があります。

（図：死亡保険金額、解約返戻金、加入～保険料払込期間～払込終了）

③ 養老保険

ある一定の保険期間内に被保険者死亡時に死亡保険金を受け取れます。満期保険金が受け取れます。保険料は3種類の中で一番高いです。

（図：死亡保険金額、解約返戻金、満期保険金、加入～保険料払込期間～払込終了（満期））

8　生命保険を見直す

⑵　生命保険は「組合せ」型が多い

定期保険特約付終身保険の内容チェック
　多くの人が加入している生命保険は、「主契約（生命保険のベース部分）」と様々な機能の「特約（オプション部分）」を組み合わせたものです。
　「終身保険」と「定期保険特約」や「医療保険特約」などの組合せの代表例が、「定期保険特約付終身保険」です。
　加入から払込終了までの一定期間、適度な保険料で子どもの養育費や教育費、家族の生活費などの死亡保障準備ができ、終身にわたって一定の保障を確保できることなどが特徴です。
　しかし、払込終了が60歳から65歳で契約されていることが多く、払込終了後に付加されている特約の多くが消滅することもあり、その点は特に注意が必要です。病気やケガでの入院保障である医療保険特約がついているものも多いです。

【図表61　定期保険特約付終身保険の内容】

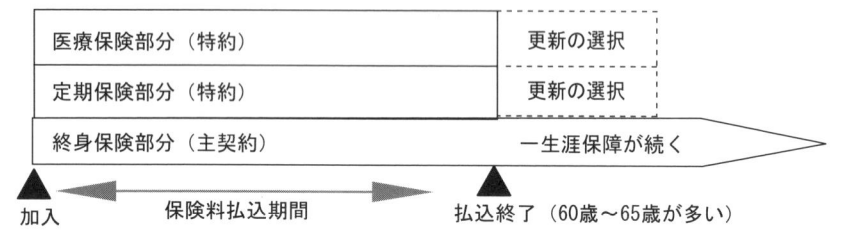

医療保険部分（特約）	更新の選択
定期保険部分（特約）	更新の選択
終身保険部分（主契約）	一生涯保障が続く

加入　←保険料払込期間→　払込終了（60歳～65歳が多い）

⑶　生命保険見直しの必要性

自分のライフサイクルの変化に合わせて、見直す必要がある
　50歳代から60歳代の頃に、子どもが独立します。家計支出から養育費や教育費がなくなり、子どものための死亡保障部分の保険料も、場合によっては無駄になります。
　そのため生命保険は、自分のライフサイクルの変化に合わせて、見直す必要があるのです。そのタイミングが、定年前後とちょうど一致するのではな

いでしょうか。

⑷ 生命保険の見直し方法

生命保険の見直しポイント

生命保険の見直し方法は、図表62のとおりです。

【図表62　生命保険の見直し方法】

①	「特約の増額・途中付加」	告知または診査が必要
②	「追加契約」	告知または診査が必要
③	「契約転換制度」	告知または診査が必要
④	「減額」	
⑤	「特約の解約」、「解約」	

特約の増額・中途付加とは

特約の増額・中途付加は、生命保険に付加されている特約を増額することと、新たな特約を中途付加して保障を大きくすることです。

契約転換制度とは

契約転換制度とは、生命保険を解約することなく、今の生命保険の「積立部分」や「積立配当金」を新しい生命保険の一部に充当する方法です。

まったく新たに契約するよりは、保険料の負担が軽減されたり、生命保険を総合的に変更できるメリットがあります。

転換前の生命保険から転換後の生命保険で、保障内容や保険料の積立部分がどのように変化するのかチェックする必要があります。

転換後の保険料は、年齢や保険料率で新たに計算されるので、現在より高くなる可能性があります。

定年前後の生命保険見直しのポイント

一般的に、定年前後の生命保険の見直しは、死亡保障を引き下げ、病気や

ケガの入院の医療保障・介護保障を厚くするようにすることが重要です。

後述するように、病気やケガのとき、公的医療保険には高額療養費という仕組みがあり、1か月あたりに個人が負担しなければならない医療費の限度額が決まっています（詳しく第2章をご覧ください）。

ただし、差額ベッド代などは全額自己負担となります。したがって、自己負担分を生命保険の医療保障で補えるかどうかが、ポイントとなります。

保険料は毎月の支払いのほうが一括で支払うよりは負担が軽い

前にも述べたように、多くの人が加入している「定期保険特約付終身保険」では、医療保障特約の保険期間が60～65歳終了となっていることが多いと思われます。

もっとも、医療特約の保険期間が80歳までという人もいます。これから病気になる可能性が高まるというときになって、医療保障特約が切れるというのは困りものです。

そのため、医療保障特約を継続させて、例えば80歳まで継続させることも可能です。多くの場合、継続時点の年齢で保険料が決まりますから、保険料は当然高くなります。しかも、多くの場合、保険料を一括して納付することを求められます。

医療保障なしではどうしても不安がある場合には、新たに最新型の「終身医療保険」に新規加入することも可能です。もちろん保険料は割高になりますが、保険料は毎月の支払いとなりますので、一括で支払うよりは負担が軽いといえます。

第2章　定年後を支える制度

1　健康保険
2　介護保険
3　高齢者向け住宅
4　成年後見
5　遺言
6　生前贈与

1　健康保険

(1)　国民皆保険制度

日本の公的医療保険は4種類

　公的医療保険は原則すべての人が加入しなければいけない保険制度です。
　日本の公的医療保険は主に以下の4種類となっています。
⑴　サラリーマンやOLなどが加入する「健康保険」
　健康保険には、組合管掌健康保険（組合健保）と全国健康保険協会管掌健康保険（協会けんぽ）の2種類があります。
　組合健保は、企業や企業グループ（単一組合）が運営するものや同種同業の企業（総合組合）が集まって運営されるものです。
　組合健保を持たない企業（主に中小企業）が加入するのが協会けんぽです。
⑵　自営業者やフリーター、学生などが加入する「国民健康保険」
⑶　公務員の人が加入する「共済組合」
⑷　75歳以上の人が加入する「後期高齢者医療制度」

(2)　定年後の健康保険はどうする

定年後も会社員として働くなら、勤務先の健康保険に加入

　定年後も会社員として働くなら、勤務先の健康保険に加入することになります。

【図表63　勤務先の健康保険の加入条件】

健康保険の加入要件 （協会けんぽの場合）	1日または1週間の所定労働時間が一般従業員の所定労働時間の概ね4分の3以上の人。かつ、1か月の所定労働日数が一般従業員の所定労働日数の概ね4分の3以上の人

　就職活動中や年金生活者、あるいは、働いても健康保険の加入要件に満た

ない短時間勤務となる場合、自分で健康保険に加入しなければなりません。その際、多くは①家族の扶養、②任意継続、③国民健康保険の3つから選ぶことになります。

家族の扶養に入る

一番安く上がるのは、家族（例えば、会社員の子どもなど）の被扶養者になることです。健康保険料を支払う必要がないからです。

【図表64　被扶養者になれる条件（協会けんぽの場合）】

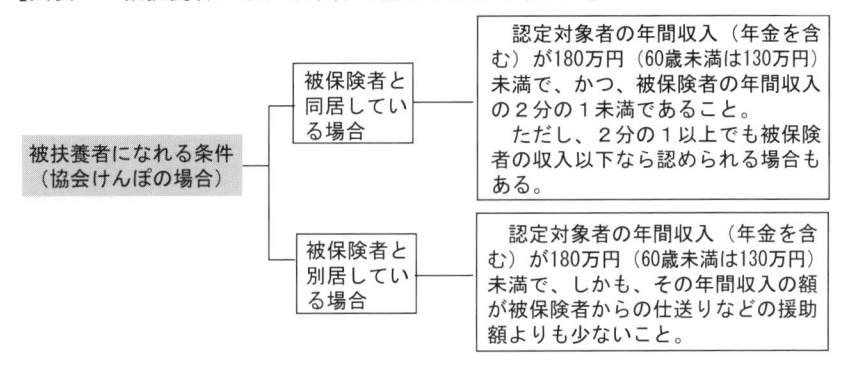

被扶養者になれる条件（協会けんぽの場合）	被保険者と同居している場合	認定対象者の年間収入（年金を含む）が180万円（60歳未満は130万円）未満で、かつ、被保険者の年間収入の2分の1未満であること。ただし、2分の1以上でも被保険者の収入以下なら認められる場合もある。
	被保険者と別居している場合	認定対象者の年間収入（年金を含む）が180万円（60歳未満は130万円）未満で、しかも、その年間収入の額が被保険者からの仕送りなどの援助額よりも少ないこと。

被扶養者になれば、保険料負担なしで被保険者の健康保険を利用できる

被扶養者になれば、保険料負担なしで被保険者の健康保険を利用できます。

なお、ここでの年間収入とは、過去の収入のことではなく、被扶養者に該当する時点および認定された日以降の年間の見込収入額のことをいいます。

被扶養者の収入には、雇用保険の失業保険などの給付金、公的年金、健康保険の傷病手当金や出産手当金も含まれます。

家族の被扶養者になる場合、手続の期限は「退職日の翌日から5日以内」です。手続は、被保険者である家族の勤務先に書類を提出します。

退職前に加入していた健康保険を任意継続する

任意継続とは今まで自分で加入していた会社の健康保険に2年間に限って、続けて加入できる制度です。傷病手当金など退職者は対象外のサービスもありますが、そのほかはほぼ今までどおりの健康保険のサービスを受けら

れます。

　ただ、現役時代は本人と会社で折半していた保険料を全額1人で支払わなければなりません。

　しかし、実際の保険料には加入者の平均的な給与を基準に上限が設けられていますので、すべての人が倍額になるわけではありません。

　また、専業主婦など扶養家族がいる場合は、その分の保険料は負担しなくても健康保険のサービスが受けられます。

　任意継続は2年間の加入が原則ですので、途中で国民健康保険に乗り換えたりは通常できません。

収入の高かった人は任意継続、そうでない人は国民健康保険が有利

　任意継続と国民健康保険加入では、退職後1年目の保険料は任意継続のほうが安くなる人が多いですが、2年目は基準となる前年所得が退職後に減っているはずなので、場合によっては、国民健康保険のほうが安くなることもあります。

　一般論としては、収入の高かった人は任意継続、そうでない人は国民健康保険が有利になる傾向にあります。

任意継続の場合、手続の期限にも注意が必要

　任意継続の場合、手続の期限にも注意が必要です。任意継続は手続の期限が厳しく、「退職日の翌日から20日以内」に手続をしなくてはなりません。

　1日でも加入手続が遅れると任意継続に加入することができなくなります。

　また、毎月の保険料も納付が遅れると翌日には資格喪失となります。納付遅れで任意継続の資格喪失になった場合は、国民健康保険に加入します。

　また、組合健保の場合、負担額以外に独自のメリットがあることも多いので、詳しくは加入している組合健保の事務局に問い合わせてください。

任意継続を選んだときは2年経過後に資格を失うので、再度加入先の検討が必要

　任意継続を選んだ場合は、2年経過後は資格を失いますので、再度、家族

の扶養に入るか、国民健康保険に加入するかを選ぶことになります。

国民健康保険に加入する

　自営業者などが加入する国民健康保険（国保）に加入します。国保は扶養家族という概念がなく、家族1人ひとりに保険料がかかるため、扶養家族を持つ人は保険料負担が重くなる場合があります。

　また、保険料は前年の所得がもとになるので、退職直後の1年間は現役時代の給与が基準になってしまい、保険料が高くなる傾向にあります。

　しかし、退職後の収入が少なければ2年目からは保険料は安くなります。

　また、国民健康保険料にも上限額があり、上限額は市区町村ごとに違いますが、東京都新宿区（40歳以上の加入者の場合）では77万円です。

　手続の期限は「退職日の翌日から14日以内」です。加入手続は市区町村役場で行います。

(3)　**選ぶ決め手は保険料**

2年間のトータルの保険料で比較検討することが重要

　これらの公的医療保険のいずれを選択しても、医療機関で支払う自己負担額は3割（69歳まで）です。70歳から74歳までは、自己負担額は原則1割となりますが、現役並み所得者（住民税課税所得が145万円以上など）の人は3割となります。

　高額療養費制度などの医療保障に違いはないため、選ぶ決め手は毎月の保険料です。有利なほうを選ぶためには、任意継続なら加入していた健康保険、国保なら市区町村役場で保険料を試算してもらい、2年間のトータルの保険料で比較検討することが重要です。

(4)　**70歳未満の医療保障**

高額療養費制度

　保険診療の場合、医療機関や薬局の窓口で支払った額（入院時の食事負担

や差額ベッド代などは含みません）が暦月（1日から末日まで）で一定額を超えた場合にその超えた金額を支給する「高額療養費制度」があります。

　高額療養費制度は、同じ月の複数の医療機関等における自己負担額を合算することができます。

　また、複数の受診や同じ世帯にいるほかの人（同じ医療保険に加入している場合）の受診について窓口で支払った自己負担額を1か月（暦月）単位で合算することができます。

　ただし、70歳未満の人の受診については、1人が1医療機関（病院・薬局）当たり月額21,000円以上の自己負担のみ合算されます。

共通の負担上限額が定められている

　例えば、一般の人の場合、1か月の医療費が100万円ですと窓口での自己負担額は30万円となりますが、高額療養費制度を利用すると、図表65にあるとおり、実際の自己負担額は、80,100円＋（1,000,000円－267,000円）×1％＝87,430円となり、212,570円が高額療養費として返ってきます。

　高額療養費では、図表65のとおり、各医療保険で共通の負担上限額が定められています。

　ただし、健康保険組合には、独自の付加給付として、この共通限度額より低い負担上限を設定しているところもあります。

【図表65　70歳未満の人の負担上限額】

所得区分	1か月の負担の上限額
① 上位所得者（月収53万円以上の人など）	150,000円＋（医療費－500,000円）×1％
② 一般	80,100円＋（医療費－267,000円）×1％
③ 低所得者（住民税非課税の人）	35,400円

多数回該当のときは

　さらに、直近の12か月間に既に3回以上高額療養費の支給を受けている場合（多数回該当の場合）にはその月の負担上限額がさらに下がります。

【図表66　年4回目以降の負担上限額】

所得区分	1か月の負担の上限額
① 上位所得者	83,400円
② 一般	44,400円
③ 低所得者	24,600円

自治体によっては独自に医療費助成制度があるので確認を

　また、自治体によっては、独自に医療費助成制度があり、医療機関での窓口での支払額が高額療養費の負担上限額より低くなる場合もあります。
　加入している医療保険やお住まいの自治体にご確認ください。

限度額適用認定証

　高額療養費制度では一旦、医療機関に3割の自己負担分を支払い、負担の上限額を超えた分を請求すると払い戻されますが、支給までの期間は受診した月から少なくとも3か月はかかります。
　そのため、「限度額適用認定証」制度を利用すれば、医療機関への支払額を最初から負担上限額までに抑えることもできます。

認定証提示により、医療機関の窓口での支払いを負担上限額にとどめられる

　70歳未満の人は事前に加入している医療保険で、住民税課税の人は「限度額適用認定証」、住民税非課税の人は「限度額適用認定・標準負担額減額認定証」の交付申請を行い、認定証の交付を受けます。
　医療機関の窓口でこれらの認定証を提示すれば、医療機関の窓口での支払いを負担の上限額までにとどめることができます。

(5)　70歳以上75歳未満の医療保障

医療費の一部負担割合が1割（現役並みの所得者は3割）

　公的医療保険制度の加入者は、70歳になったら加入する保険制度の高齢

受給者となります。

医療保障内容は70歳未満の加入者と同じですが、医療費の一部負担割合が1割（現役並みの所得者は3割）となります。

平成25年4月より2割（現役並みの所得者は3割）になる予定です。

高齢受給者の人は、高齢受給者証を健康保険証と一緒に医療機関窓口へ提出します。

高齢者医療の自己負担限度額

高齢者医療を受けるときの自己負担額については、1か月で上限が決められており、一定額に達した場合はそれ以上の自己負担はありません。

【図表67　高齢者医療の自己負担限度額】

所得区分	1か月の負担上限額	
	外来 （個人ごと）	（世帯ごと）
現役並みの所得	44,400円	80,100円＋（医療費－267,000円）×1％
一般	12,000円	44,400円
低所得者（住民税非課税の人）	8,000円	24,600円（総所得金額がゼロの場合15,000円）

多数回該当の適用

現役並みの所得者については、直近の12か月間に既に3回以上高額療養費の支給を受けている場合（多数回該当の場合）には、その月の負担上限額は44,400円となります。

その他の「一般」「低所得者」については、多数回該当の適用はありません。

低所得者の区分の適用を受けるためには

70歳以上の人は認定証がなくても、自動的に窓口での支払いが負担上限額までにとどめられます。

ただし、低所得者の区分の適用を受けるためには「限度額適用認定・標準負担額減額認定証」が必要です。事前に加入している医療保険で認定証の交付申請を行ってください。

(6) 後期高齢者医療制度

65歳以上で一定の障害がある人の後期高齢者医療制度への加入

　平成20年4月より導入された新しい医療制度で、75歳以上の高齢者をそれまでの各種医療制度から切り離し、全員が被保険者となり、負担能力に応じて保険料を負担することとなりました。

　この制度は都道府県を単位とする広域連合が運営しており、被保険者となるのは原則75歳以上の人（生活保護を受けている人を除き、75歳の誕生日から自動加入となります）ですが、65歳以上で一定の障害がある人は広域連合が認定した日から後期高齢者医療制度へ加入できます。

後期高齢者医療制度加入に伴う手続

　75歳の誕生日までに保険証が送付され、1人1枚交付されます。75歳の誕生日以前まで国民健康保険に加入していた人は、75歳になれば自動的に後期高齢者医療制度へ移行されますが、職場の健康保険に加入されていた人は前の保険の資格喪失手続が必要です。

　また、74歳以下の扶養家族がいる人が後期高齢者医療制度に加入した場合、その人の扶養家族は市区町村の国民健康保険などほかの医療保険に加入する必要があります。

保険料は原則年金からの天引

　保険料は原則年金からの天引による引落しですが、介護保険料と後期高齢者医療制度の保険料の合算が年金額の2分の1を超える人は納付書などによる納付となります。

後期高齢者医療制度の保険料の計算

　保険料は、被保険者の前年所得に応じて負担する所得割額と被保険者全員が均等に負担する均等割額の合計で計算されますが、所得割額の計算に使う所得割率と均等割額は広域連合ごとに異なります。

【図表68 後期高齢者医療制度の保険料の算式】

例：東京都　平成24年、25年

保険料額（年額）上限55万円 ＝ 均等割額 被保険者1人あたり 40,100円 ＋ 所得割額（総所得金額等（注2参照）－基礎控除33万円）×所得割率8.19％

注1：均等割額と所得割率は2年ごとに見直されます。
　2：総所得金額等＝収入額－控除額

　ここでいう控除額とは、公的年金控除額、給与所得控除額、必要経費のことをいい、社会保険料控除額、扶養控除額などの所得控除額は含みません。
　また、所得が低い人には、①所得割額、②均等割額などの保険料の軽減措置があります。

所得割額の軽減措置

　「基礎控除額（33万円）を差し引いた総所得金額等」が58万円（年金収入のみの場合、収入額が211万円）以下の人は、所得割額が5割軽減されます。

均等割額の軽減措置

　同一世帯内の被保険者と世帯主の総所得金額等の合計額が図表69の基準額以下の場合、均等割額が軽減されます。

【図表69 均等割額の軽減措置】

世帯主および世帯に属する被保険者の総所得金額等の合計額	軽減割合
33万円以下で、被保険者全員が年金収入80万円以下（その他各種所得がない）	9割
33万円以下で9割軽減の基準に該当しない	8.5割
33万円＋（24.5万円×世帯主を除く被保険者の数）以下	5割
33万円＋（35万円×被保険者の数）以下	2割

扶養家族だった人の軽減措置

　後期高齢者医療制度加入直前まで各種医療保険（国保・国保組合を除きます）加入者の扶養家族で、自分で保険料を納めていなかった被保険者は均等割額が9割軽減され、所得割額がかかりません。

保険料の減免

災害などで大きな損害を受けたときや、所得の著しい減少があったときなどに、申請により保険料の減額や免除を受けることができる場合があります。条件などの詳細についてはお住まいの市区町村の窓口で確認してください。

病気やケガで病院にかかった人は広域連合が決めた負担割合による

最後に、病気やケガで病院にかかった人は広域連合が決めた負担割合で医療費の一部を医療機関の窓口で払うことになっています。

負担割合は保険証に明記されていますが、図表70の基準で決められています。

【図表70　窓口負担額】

所得区分	負担割合	要件
低所得者 一般	1割	同一世帯にいる後期高齢者医療制度の被保険者全員の住民税課税所得が145万円未満の被保険者
現役並み所得者	3割	同一世帯に住民税課税所得145万円以上の後期高齢者医療制度の被保険者がいる世帯の人

後期高齢者医療の自己負担限度額

後期高齢者医療を受けるときも、自己負担額については、1か月で上限が決められており、一定額に達した場合はそれ以上の自己負担はありません。

【図表71　後期高齢者医療の自己負担限度額】

所得区分	1か月の負担上限額	
	外来（個人ごと）	（世帯ごと）
現役並みの所得	44,400円	80,100円＋（医療費－267,000円）×1％
一般	12,000円	44,400円
低所得者（住民税非課税の人）	8,000円	24,600円（総所得金額がゼロの場合15,000円）

注1：外来については平成24年4月から、同一の医療機関であっても外来・入院・歯科は別々に算定します。
　2：多数回該当の場合の負担上限額は44,400円となります。

2　介護保険

(1)　介護保険と要介護認定

介護保険とは

　介護保険とは介護サービスが必要となったときにヘルパーさんに家に来てもらったり、施設に通ったり入所したりしてかかった介護サービスの費用の9割を保険でまかなってくれる制度です。

　介護保険は、40歳以上の人が必ず加入しなければならない公的な保険で、65歳未満の加入者の保険料は、加入している健康保険や国民健康保険の保険料と合わせて徴収され、65歳以上では、基本的に年金から天引となります。市区町村が運営しているため、国民健康保険加入者や65歳以上の人は、住んでいる市区町村によって納める保険料が違ってきます。

　65歳以上の人は介護が必要になった原因は問われず、介護認定されれば介護保険が使えるのに対し、40歳から65歳未満の人は一定の病気が原因で介護が必要になった場合のみ介護認定を受け介護保険が使えるようになっています。

　介護保険は「在宅サービス」・「施設サービス」・「地域密着型サービス」に分けられます。

介護保険を利用してサービスを受けたいとき

　介護保険を利用してサービスを受けたい場合、まず、初めに本人が市区町村役場（介護保険課など）や地域包括支援センターへ「要介護認定申請書」に所定事項を記入のうえ、介護保険の被保険者証（40歳以上65歳未満の人は医療保険被保険者証）を添えて提出し、要介護認定を受けなければなりません。

　本人以外にも家族や社会保険労務士、地域包括支援センターなどが申請の

【図表72　要介護認定申請から認定までの流れ】

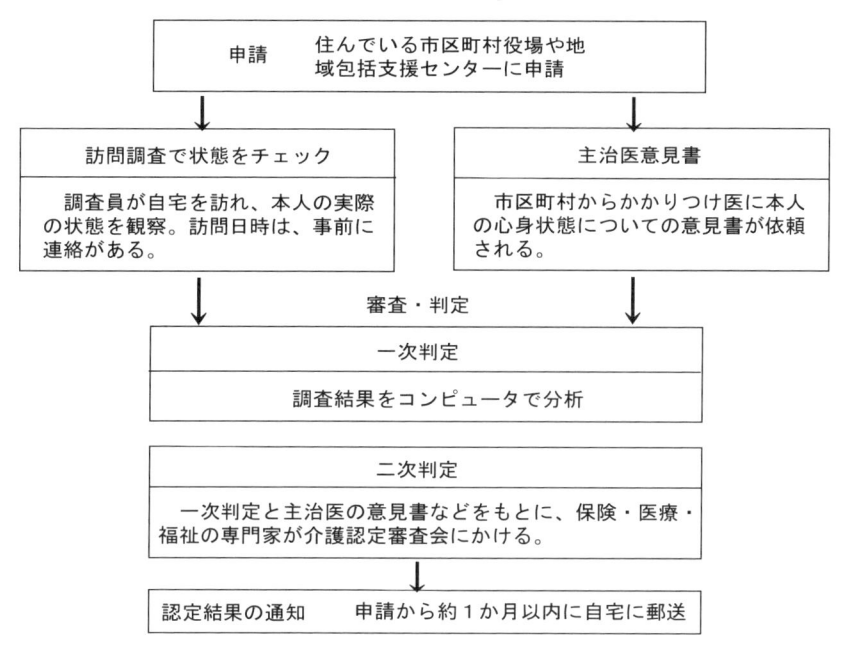

```
┌─────────────────────────────────────────────┐
│ 申請  │ 住んでいる市区町村役場や地域包括支援  │
│       │ センターに申請                        │
└─────────────────────────────────────────────┘
        ↓                           ↓
┌──────────────────────┐  ┌──────────────────────┐
│ 訪問調査で状態をチェック │  │ 主治医意見書          │
├──────────────────────┤  ├──────────────────────┤
│ 調査員が自宅を訪れ、本人 │  │ 市区町村からかかりつけ │
│ の実際の状態を観察。訪問 │  │ 医に本人の心身状態につ │
│ 日時は、事前に連絡がある。│  │ いての意見書が依頼される。│
└──────────────────────┘  └──────────────────────┘
        ↓         審査・判定         ↓
┌─────────────────────────────────────────────┐
│ 一次判定                                     │
├─────────────────────────────────────────────┤
│ 調査結果をコンピュータで分析                  │
└─────────────────────────────────────────────┘
                    ↓
┌─────────────────────────────────────────────┐
│ 二次判定                                     │
├─────────────────────────────────────────────┤
│ 一次判定と主治医の意見書などをもとに、保険・医療・│
│ 福祉の専門家が介護認定審査会にかける。         │
└─────────────────────────────────────────────┘
                    ↓
┌─────────────────────────────────────────────┐
│ 認定結果の通知  │ 申請から約1か月以内に自宅に郵送│
└─────────────────────────────────────────────┘
```

代行を行うことができます。

要介護認定

　要介護認定には2段階の要支援と5段階の要介護認定があり、いずれも認定されれば、要介護度に応じた介護サービスが受けられます。

　また、要介護認定の結果「非該当（要介護も要支援も必要ない自立した高齢者）」でも介護予防プログラムなどのプランが用意されています。

認定結果に不服があるとき

　認定結果に不服がある場合、原則として認定結果を知った日の翌日から起算して60日以内に都道府県の介護保険審査会に審査請求ができます。

訪問調査

　訪問調査は、市区町村の担当者や介護支援専門員（ケアマネージャー）が

自宅や入院・入所先に訪問し、本人と面接して行います。
　調査内容は全国共通で、74項目の基本調査（一部動作確認あり）と家族状況や住宅環境などについての概況調査、本人の心身状態や介護の状態について調査時の様子だけではなく、日頃の状態についてなどの聞き取りなどがあります。家族が同席することも可能です。
　主治医の意見書が必要ですが、主治医がいない場合は市町村が指定する医師の診察を受けることになります。

要介護認定の更新

　認定の結果には有効期限が設定されます。新規の要介護認定の有効期間は原則6か月です。市区町村によっては3か月から12か月の間で短縮・延長することが可能です。
　継続的に介護サービスを利用する場合は、有効期限が切れる前に再度申請の手続（初回と同様）をして、要介護認定の更新をすることが必要です。

要介護認定の更新の手続

　要介護認定の更新の手続は、有効期間が満了する日の60日前から満了の日までの間に行います。手順は、最初の要介護認定のときと同じで、申請書に介護保険の保険証を添えて、市区町村の窓口に提出します。
　ただし、要介護認定の初回の申請は認定の効力が申請日まで遡りますが、更新の場合は認定の効力は更新の申請日にまで遡りません。
　もし、有効期間の満了までに更新認定が済んでいないと、期間満了でいったん効力が途切れてしまい、その間は介護保険が使えなくなりますので注意してください。

住所を移転したときは

　住所を移転した場合には、あらためて移転先の市区町村の認定を受ける必要があります。
　また、要介護認定の期間中でも状態が悪化したときには、いつでも要介護度の認定区分の変更を申請することができます。

⑵　介護保険の在宅サービス・施設サービス・地域密着型サービス

在宅サービスとは
　在宅サービスは要支援1～2、要介護1～5の人が対象となります。
　在宅サービスでは、自宅でヘルパーや看護師などの介護サービスを受けたり、自分がデイサービスなどの施設に通い介護サービスを受けるほか、民間施設（有料老人ホームなど）や老人福祉施設（養護老人ホームなど）のうち、一定の基準を満たした施設の居室を高齢者の自宅とみなし、その施設のスタッフによる介護サービスも在宅サービスとしています。

1か月の介護保険支給限度が設定されている
　在宅サービスでは要介護度ごとに設定された1か月の介護保険支給限度が設定されており、その限度額内でかかった介護サービスの費用のうち、9割が補助され、1割が本人負担となります。
　限度額を超えて介護サービスを利用した場合、超えた部分については全額本人負担となります。
　また、施設での食費、日常生活費、おむつ代などは介護保険が使えないので全額本人負担となります。

ケアプランの作成
　介護保険のなかで、どのような介護サービスを受けるかという「ケアプラン」をケアマネージャーに作成してもらい、民間などのサービス事業者と契約を行い、実際の介護サービスを受けるようになります。

在宅サービスの内容
　在宅サービスには訪問介護、訪問入浴介護、訪問看護、居宅療養管理指導（医師や管理栄養士などが自宅を訪問し、療養上の管理や指導を行う）、デイサービス、デイケア、ショートステイのほか、特定福祉用具の貸出や販売、住宅改修のサービスなどもあります。

【図表73　要介護度の判定と支給限度額】

要介護度	状態（おおまかな目安）	在宅サービスの1か月の介護保険支給限度額
要支援1	生活の一部に手助けが必要な状態。介護サービスを利用すれば心身機能の維持・改善が見込まれる。	4,970単位
要支援2	食事・排泄・入浴などに一部手助けが必要。	10,400単位
要介護1	立ち上がりや歩行が不安定。排泄や入浴などに部分的な介助が必要。	16,580単位
要介護2	立ち上がりや歩行などが自力では困難。排泄・入浴などに介助が必要。	19,480単位
要介護3	立ち上がりや歩行などが自力ではできない。排泄・入浴・衣類の着脱などに全面的介助が必要。	26,750単位
要介護4	日常生活のうえで能力低下がみられ、排泄・入浴・衣類の着脱など全般的に全面的な介助が必要で、介護なしに日常生活が困難な場合。	30,600単位
要介護5	日常生活全般について全面的な介助が必要。医師の伝達も困難となる状態も含む。介護なしに日常生活が不可能な場合。	35,830単位

注1：介護サービスの単価は「単位」で表され、1単位10円が原則ですが事業所の所在地域やサービスの種類により、1単位11.06円から10円の範囲で決められています。
　2：在宅サービスの中でも、特定福祉用具の販売や住宅改修は独自の利用上限額が設定されていますので、介護保険支給限度額の対象ではありません。
　3：ケアプラン作成の費用は全額が保険給付となり、自己負担は発生しません。

施設サービスとは

　施設サービスは要介護1～5の人が対象となります。

　施設サービスは、法律上、介護保険施設として指定を受けている施設に入居・入院し、介護サービスを受けることです。介護保険施設には図表74の3種類があります。

施設サービスでは介護保険支給限度額はない

　また、「施設サービス」では、「在宅サービス」のような1か月の介護保険支給限度額は定められていません。

　しかしながら、あくまでも介護保険が適用されるのは、この施設の中で受

【図表74　介護保険施設の種類】

介護保険施設	特　徴	その他
①　介護老人福祉施設 特別養護老人ホーム	介護・日常生活の世話などのサービスを提供する施設で介護を中心とした長期入所に適した生活施設	人気の施設のため、数百人が入居待ちという施設も多い。申込順ではなく、介護優先順位・緊急度の高い人からの入居となります。
②　介護老人保健施設 老人保健施設	マヒやケガの状態が安定した要介護者を受け入れ、自宅に戻れるようリハビリを行う施設	入所期間は概ね３か月から半年なので、特別養護老人ホームへの入居待ちとしての需要が高いです。
③　介護療養型医療施設	医療を重視した長期療養者が介護と看護を受けるための医療施設	この施設は平成30年３月末で廃止されることが決定しており、平成24年４月以降は新設もされません。

けるサービスの中の身体介護などの純粋な「介護」だけで、食費、居住費、日常生活費は介護保険適用外となり全額本人負担となります。

　また、介護保険施設には入居一時金がありませんし、本人や扶養義務のある家族の世帯収入・所得に応じて居住費・食費が軽減される場合があります。

地域密着型サービス

　平成18年の介護保険法改正時に、認知症や一人暮らしの高齢者が増加する中、支援や介護が必要となっても、可能な限り住み慣れた地域で生活を継続できるよう、身近な市町村で提供されるのが適当なサービス類型として創設されました。原則として、地域密着型サービス事業所がある市町村の人がサービスを受けられます。

　サービスの内容としては、定期巡回・随時対応型訪問介護看護、夜間対応型訪問介護、認知症対応型通所介護、認知症対応型共同生活介護などがあります。

(3)　高額介護（予防）サービス費

高額介護サービス費とは

　高額介護サービス費とは、１か月の介護保険サービス利用料のうち、利用

者負担額（1割の自己負担額）が世帯の所得に応じて決められた上限額を超える場合、超過した額を支給（払戻し）する制度です。

【図表75　高額介護（予防）サービス費の負担月額上限】

対象者		利用者負担月額上限
生活保護受給者		個人　15,000円
世帯全員が市民税非課税の人		世帯　24,600円
	①　世帯全体が非課税で本人の公的年金等の収入金額と合計所得金額の合計が80万円以下の人	個人　15,000円
	②　老齢福祉年金受給者で世帯全体が市民税非課税の人	
上記以外の人		世帯　37,200円

高額介護（予防）サービス費の払戻しの対象にはならないもの

　ただし、次の①②については高額介護（予防）サービス費の払戻しの対象にはなりません。
① 　施設入所中の食費・居住費や日常生活費など、介護保険の給付対象外の本人負担分
② 　特定福祉用具販売・住宅改修の本人負担分

(4)　高額医療・高額介護合算療養費

同一世帯内に介護保険の受給者がいるときの負担額

　同一世帯内に介護保険の受給者がいる場合に、医療保険の高額療養費と介護保険の高額介護（予防）サービス費の給付を受けても、世帯の自己負担額が高額になったときは、各月ごとに高額療養費、高額介護（予防）サービス費を差し引いた後の自己負担額を前年の8月1日から7月31日までの1年間で合算し、自己負担限度額を超えた場合、その超えた額が支給されます。
　なお、医療保険・介護保険の自己負担額のいずれかが0円である場合は支給されません。
　また、入院、入居時の食費負担や居住費、医療保険の給付対象外のもの、

介護保険の給付対象外のものは対象になりません。

異なる医療保険で自己負担を合算することはできない
　高額医療・高額介護合算療養費は、同一世帯内であっても、7月31日時点で加入している医療保険ごとに計算します。
　つまり夫婦ともに介護保険受給者で、夫が後期高齢者医療制度の加入者、妻が国民健康保険の加入者の場合、介護保険と医療保険の自己負担分を夫婦で合算して計算することはできません。夫と妻、別々に医療保険と介護保険の自己負担分を合算して計算します。

【図表76　高額医療・高額介護合算療養費の世帯負担限度額（年額）】

医療制度被保険者の年齢		70歳以上	70歳未満
現役並み所得者　※70歳未満は上位所得者		67万円	126万円
一般		56万円	67万円
低所得者	Ⅰ	31万円	34万円
	Ⅱ	19万円	

(5)　介護施設

　介護施設には、入所型や通所型があり、介護の程度や生活の状態により、利用者が選択して利用します。

入所型の介護施設
　入所型の介護施設は、介護保険の「施設サービス」を受けることができる介護保険施設とそれ以外の施設に分けられます。
　介護保険施設は、図表74のとおり、介護老人福祉施設（特別養護老人ホーム）、介護老人保健施設（老人保健施設）、介護療養型医療施設の3種類で、施設のスタッフによる介護サービスを受けることができます。
　また、介護保険施設以外の施設でも介護保険を使って施設のスタッフによる介護サービスを受けることができます。

「施設サービス」以外の介護保険サービスが使える施設

「施設サービス」以外の介護保険サービスが使える施設には、主に次の2種類があります。

(1) 認知症対応型共同生活介護（グループホーム）

地域密着型サービスの1つで、医師による認知症の診断がある人で要支援2以上からとなります。また、グループホームのある市区町村で住民票がある人に入所が限られます。

グループホームでの介護サービスは介護保険の給付の対象となりますので、短期間の利用の場合を除き、利用者は介護保険支給限度額に関係なく、1割負担で施設のスタッフによる介護サービスを受けることができます。

(2) 特定施設入居者生活介護の指定を受けている施設

設備や人員配置などが一定の基準を満たし、都道府県知事から「特定施設入居者生活介護」の事業者指定を受けている養護老人ホーム、有料老人ホーム、軽費老人ホーム、サービス付き高齢者向け住宅の入居者が、それらの施設を利用者の自宅とみなし、その施設のスタッフによる介護サービスを介護保険の「居宅サービス」とし、介護保険を使うことができます。

また、特定施設入居者生活介護は「居宅サービス」ですが、1か月の介護保険支給限度額に関係なく、利用者は1割負担で介護サービスを受けることができます。

特定施設入居者生活介護の指定を受けていない施設に入所したら

もし、特定施設入居者生活介護の指定を受けていない施設に入居した場合でも、介護保険を使っての介護サービスを受けることは可能ですが、利用者自身が外部の業者と個別に契約し、介護サービスを受けることとなります。

通所型の介護施設

通所型の介護施設で受けられる介護サービスは「在宅サービス」です。通所介護（デイサービス）は、デイサービスセンターや老人福祉施設などで介護サービスを受けることができ、通所リハビリテーション（デイケア）は、介護老人保健施設などで介護サービスを受けることができます。

3　高齢者向け住宅

(1) 持ち家を離れる可能性もある

老後に住む家がどうなるかという問題

　定年後のライフプランを考えるときには、老後に住む家がどうなるかという問題があります。

　持ち家を持っており、老後もそのまま持ち家に住むとしても、バリアフリー化のリフォームは必要になるかもしれません。

　また、身体的や家庭環境などの事情により、今後継続して持ち家に住むことが無理であれば、いわゆる老人ホームに転居することを将来検討する必要も出てくるでしょう。

老人福祉施設の区分

　老人ホームは、市町村や社会福祉法人が運営する公的な施設である老人福祉施設（介護老人福祉施設含む）と民間経営の有料老人ホームに大別されます。

【図表77　老人福祉施設の区分】

区　分	特　徴	費　用
特別養護老人ホーム	・介護保険施設の中で唯一人生の最期まで生活できる施設 ・費用が安いため、希望してもすぐに入所できない	月額10万円程度で、介護保険の自己負担から部屋代・食事代まで一切がまかなえる
養護老人ホーム	・介護が必要な人も入居できるが、経済的事情（生活保護受給者・非課税所得者）も入居可能	入居者の年収によって費用は変わる（東京都の場合、年収27万円以下ゼロ）
軽費老人ホーム	・直接施設と契約 ・対象は月収34万円以下	A型・B型などのタイプよって異なるが、比較的安価である

(2) 老人ホーム

特別養護老人ホーム（介護老人福祉施設）：対象年齢65歳以上
　介護保険施設の中で唯一、生活の拠点として人生の最期まで生活できる施設です。寝たきりや認知症などで、身体上または精神上著しい障害があり、日常生活全般で常時介護が必要な人が対象となります。
　介護保険の要介護認定を受けている人で、緊急性が高い人から優先的に入所できます。要介護度3以上でないと入居は難しいとされています。入所条件に収入制限はありません。
　入所費用は各施設によって違いはありますが、介護認定の要介護度によっても変わります。住民税非課税者などは申請により食費・居住費の負担が軽減される制度もあります。
　比較的少ない費用で入所できるため、大変希望者が多く、現在特別養護老人ホームの入所待機者は40万人を超えています。

養護老人ホーム：対象年齢65歳以上
　身体上、精神上、環境上、または経済上の理由で、家庭での養護が困難と認められる人で自分の身の回りのことができる人が入所できる施設です。
　「介護保険施設」ではないので要支援や要介護と認定された人のうち、寝たきりの人は入居することができません。また、医療的ケアは必要最低限の提供となるため、痰（たん）の吸引や水分や栄養をチューブなどで胃に入れる胃ろうなどの医療措置が必要な人は入所を断られる場合もあります。
　入所中に状態が変わって医療措置が必要となった場合も状況によっては退去を命じられることもあります。
　費用は入居者本人とその扶養義務者の所得により決められます。申込先は市区町村の福祉事務所となります。

軽費老人ホーム：対象年齢単身者は60歳以上、夫婦の場合どちらかが60歳以上
　軽費老人ホームは、「A型」「B型」「ケアハウス（C型）」の3つに分け

られます。「A型」「B型」は、自宅での生活が困難な人が入居できる施設です。

「A型」は、食事サービスや日常生活に必要なサービスを受けられます。ただし、月収34万円までという所得制限があります。

「A型」の月額利用料は6～18万円程度で、食事代込です。利用料の一部については利用者の所得に応じて決定されます。

「B型」は、自炊を基本としており、日常生活のサービスは必要最低限です。そのため、月額利用料が3～4万円程度ですが、食事代を含む生活費はすべて自己負担となります。

「ケアハウス」は、自炊ができない程度の身体機能の低下がある人や独立して暮らすには不安がある人が対象の施設です。ケアハウスをわかりやすく表現すると食事サービスや入浴サービス付の老人マンションといった感じです。

ケアハウスの場合、月額利用料は入居者本人の年間収入によって決定されます。月額利用料は、だいたい6～17万円程度といわれています。

また、ケアハウスの場合には、入居一時金として50～400万円程度が必要となる場合もあります。

軽費老人ホームでも介護サービスが必要となった場合、介護保険の在宅サービスを利用することができますが、軽費老人ホームの入居条件に「身のまわりのことが自分でできる」とあるため、要介護度が高くなった場合は退去しなければなりません。

また、医療面のサービスは、必要最低限の提供となるため、医療措置が必要な人は入所を断られる場合もあり、また、入所中に状態が変わり医療措置が必要となった場合も、状況によっては退去を命じられることもあります。

最近は、「介護型ケアハウス」と呼ばれる特定施設入居者生活介護の指定を受けている施設も増えており、こうした施設では重度の要介護状態になっても住み続けることが可能です。

認知症対応型共同生活介護施設（グループホーム）

認知症ケアがついた共同住宅で、認知症高齢者に適した介護サービスを提供する施設です。定員は5人以上9人以下のユニットで、最大2ユニット

までの入居者で生活します。

　1人ひとりの個性と人間性を尊重し、持っている能力を活かしながら、共に充実した生活が送れるよう生活支援や認知症ケアが受けられます。入居できるのは医師による認知症の診断がある人で、要支援2の人からです。施設のある市区町村に住民票がある人に限られます。

　認知症の人が対象の施設ですが、認知症が進み、周りに暴力を振るったり迷惑をかけたりすると退去されられることがあります。

有料老人ホーム

　有料老人ホームには介護付、住宅型、健康型の3タイプがあり、施設にもよりますが概ね60歳以上の人が入居できます。

　民間の有料老人ホームは、施設に空きがあればすぐに入居できますが、多額の入居一時金が必要なことが多く、毎月の月額利用料の経済的負担が大きいことがデメリットといえるでしょう。

① 介護付有料老人ホーム

　都道府県知事の「特定施設入居者生活介護」の指定を受けている施設です。要介護認定を受けた人が入所でき、その施設で介護サービスの「在宅サービス」が受けられます。

　老人ホームの介護スタッフが介護するところと、外部の業者に介護サービスを委託している場合があります。

　いずれの場合も、要介護度に応じ1割の自己負担で介護サービスを受けることができます。

② 住宅型有料老人ホーム

　介護が必要となった場合には、自分自身が選択・契約した外部サービス事業者の介護サービスのうち、「在宅サービス」を受けることができます。

③ 健康型有料老人ホーム

　介護の必要がない健康な人が1人暮らしに不安を感じたり、老後を楽しみたい高齢者が入居できる施設で、介護が必要となったら原則、契約を解除して退去しなくてはなりません。

　これらの老人ホームの居住権利形態については、「利用権方式」と「賃貸

借方式」の2種類に大別されます。

利用権方式の老人ホーム

　有料老人ホームの多くが採用している方式で、入居時に「入居一時金」を払い、施設や施設サービスを利用する権利を得るもので、居住部分と介護や生活支援などのサービス部分の契約が一体となった契約形態です。

　「入居一時金」とは数年から20年分くらいの家賃の前払いや終身利用権の対価というべきものです。何らかの都合でホームを退去することになった場合、退去までの期間がどんなに短くても、入居一時金は全額返金されません。

　入居一時金として納めた金額から「初期償却分（賃貸契約の敷引きのようなもの）」となる金額は必ず差し引かれます。

　初期償却分は、施設に入居した時点で施設の収入となります。

　さらに、初期償却分を差し引いた入居一時金の残額も施設が定めた期間と方法で償却され、時間をかけて施設の収入となりますので、退去時の入居一時金の返金金額は入居一時金から初期償却分と居住期間による償却分を差し引いた金額となります。

　初期償却分がいくらなのか、残額をどのように償却していくのかなどは、契約時の「重要事項説明書」に必ず記載されていますので、入居契約前によく確認しておく必要があります。

入居の日から3か月以内に退去した場合は初期償却分の控除を実質禁止

　有料老人ホームの入居一時金をめぐるトラブルが多いため、施設利用者保護を目的として老人福祉法が改正されました。

　改正後は、有料老人ホームに入居した日から厚生労働省が定める一定の期間を経過するまでの間に契約が解除又は死亡により終了した場合は、入居一時金の額から厚生労働省が定める方法により算定される額（図表78参照）を控除し、残りは返還することとなりました。

　この規定は平成24年4月1日以降に入居した人から適用されます。

　これにより、入居の日から3か月以内に退去した場合は初期償却分の控除

【図表78　厚生労働省が定める前払金の返還債務金額の算定方法】

ケース	算定方法
① 入居者の入居後、3か月が経過するまでの間に契約が終了した場合	返還金＝（家賃の前払金の額）－（1か月分の家賃の額）÷30×（入居の日から起算して契約終了日までの日数）
② 入居者の入居後、3か月が経過し、想定居住期間（＝償却期間）が経過するまでの間に契約が終了した場合	返還金＝契約終了日以降、想定居住期間が経過するまでの期間につき、日割計算（計算方法は事業者の任意）により算出した家賃の額

が実質禁止されましたが、3か月を超えて退去する場合については初期償却分の控除は禁止されていません。

　また、平成24年4月1日以降に新規に届出を出した老人ホームについては、入居一時金の内容を家賃、敷金および介護などそのほかの日常生活上必要なサービスの対価に限り、「権利金」の名目で一時金を受け取ることが禁止されました。

　平成24年3月31日までに届出がされた有料老人ホームについては経過措置により平成27年4月1日以後に受け取る金品から適用されます。

賃貸借方式の老人ホーム

　居住部分と介護などのサービスが別個のものになっている契約方式です。

　一般の賃貸住宅のように毎月家賃や管理費などを払うため、入居一時金は利用権方式と比べ安くなりますが、月額利用料は逆に高くなる傾向があります。

　このうち特約によって入居者の死亡をもって契約を終了するという内容が有効になる方式が「終身建物賃貸借方式」で、都道府県知事から「終身建物賃貸借事業」の認可を受けた施設が採用できる契約方式です。

　これは、利用者が生存している限り住み続けることができる権利を有した賃貸借契約で、利用者が死亡すると自動的に契約が終了となります。

　ただし、夫婦による入居の場合で、契約者が死亡した場合でも配偶者が生存している場合には、引き続き居住する権利が認められます。

　そのほか、高齢者向け賃貸住宅（老人ホーム）も、安心して借りられる物

件の整備が進み、公営民間を問わずかなり充実してきています。

それでも、高齢者向け賃貸住宅（老人ホーム）は設備やサービスが千差万別ですから、契約前に十分な確認が必要です。

(3) サービス付き高齢者向け住宅

サービス付き高齢者向け住宅とは

平成23年10月20日から登録が始まった制度で、住宅としての居室の広さや設備、バリアフリーといったハード面の一定の条件を備えるとともに、ケアの専門家による安否確認や生活相談サービスを提供することにより、高齢者が安心して暮らすことができる環境を整え、都道府県・政令市・中核市の登録を受けた住宅です。

これまでの「高齢者円滑入居賃貸住宅（高円賃）」「高齢者向け優良賃貸住宅（高優賃）」「高齢者専用賃貸住宅（高専賃）」の3つの住宅制度が廃止され、この制度に1本化されました。

また、書面による契約を行うなど、入居契約基準を明確にし、従来の高専賃や高優賃などに比べて基準が厳格化され、行政による指導監督も強化されました。

立地や仕様によって相場が異なる

家賃等の費用は一般の賃貸住宅と同じく、立地や仕様によって相場が異なります。また、介護サービスは別契約で在宅サービスが受けられます。

入居条件は事業者によって異なり、申込みは登録主体となる都道府県・政令市・中核市の担当窓口で登録簿を閲覧し、事業所へ直接申込みます。

(4) シルバーハウジングプロジェクト

高齢者向け公的賃貸住宅

公的住宅供給機関（地方公共団体、都市再生機構、地方住宅供給公社など）主体で全国に展開している高齢者向け公的賃貸住宅です。

バリアフリーに対応した公営住宅で、ライフサポートアドバイザーによる安否確認や日常の生活指導・相談などのサービスが受けられます。
　対象年齢は単身世帯で60歳以上、夫婦世帯の場合は夫婦のいずれか一方が60歳以上となります。

(5) マイホーム借上げ制度

マイホーム借上げ制度とは

　住み替えや、施設に入るときに、今の持ち家をどうするのかを考える必要があります。持ち家を処分する以外にも賃貸をするという選択肢もありますが、一般社団法人移住・住み替え支援機構（JTI）が行っている「マイホーム借上げ制度」というものがあります。
　「マイホーム借上げ制度」とは、50歳以上のシニアの持ち家を借り上げて、賃貸住宅として転貸するシステムです。
　最長で終身にわたって借上げが可能で、1人目の入居者決定以降は、借り手がつかないときも最低賃料を保証してくれます。

入居者とは3年ごとに契約が終了する定期借家契約

　入居者とは3年ごとに契約が終了する定期借家契約ですので、3年の定期契約終了時に持ち家に戻ることができますし、売却も可能です。
　賃料の設定は周辺相場に比べ10～20％ほど安く設定されており、入居者から支払われる賃料から15％のJTI運営費と建物管理費を差し引いた金額が手取りとなります。

(6) リバースモーゲージ

リバースモーゲージとは

　収入が少ない高齢者が住んでいる持ち家を担保に地方自治体などの公的機関や民間金融機関・住宅メーカーなどから生活資金を借り入れ、一括または分割でお金を受け取り、借入金の返済は利息も含めて高齢者の死亡時に持ち

家を売却して精算する制度です。
　自宅に住みながら老後の生活資金が確保できますが、死亡時には家を手放すことが前提となります。

原則土地だけがリバースモーゲージの対象物件
　現状では原則土地だけがリバースモーゲージの対象物件で、建物は築年数が経過すると評価されなくなること、また、マンションは土地が共有で担保にできず建物の耐用年数も限られているので対象外です。

【図表79　代表的なリバースモーゲージのしくみ】

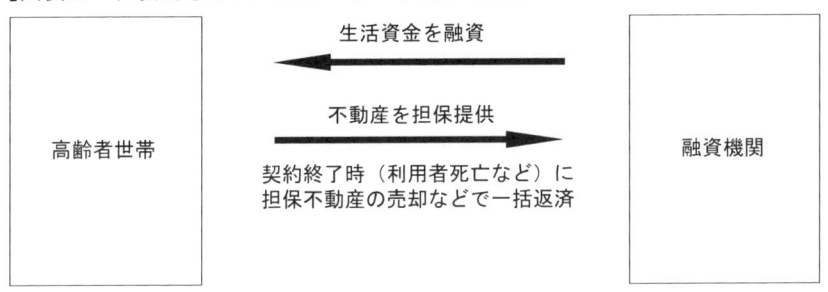

```
                    生活資金を融資
                ←──────────────
  ┌─────────┐                              ┌─────────┐
  │         │     不動産を担保提供          │         │
  │高齢者世帯│  ──────────────→           │ 融資機関 │
  │         │                              │         │
  └─────────┘  契約終了時（利用者死亡など）に └─────────┘
               担保不動産の売却などで一括返済
```

　貸付月額は原則30万円以内（病気療養等による臨時増額可）で、貸付月額の平均は10万円前後といったところです。
　融資限度額は担保不動産の評価額の50〜70％以内が一般的です。
　貸付利率は年3％または長期プライムレートのいずれか低いほうです。
　貸付期間は貸付元利金が貸付限度額に達するまでです。
　なお、リバースモーゲージは地価の下落などで物件の担保割れが生じた時点で融資が打ち切られます。しかし、融資が打ち切られても死亡するまでは自宅に住み続けることができます。

都道府県社会福祉協議会が不動産担保型生活資金などの名称で行う
　都道府県社会福祉協議会が行っているリバースモーゲージは「不動産担保型生活資金」という名称で、担保不動産評価額が概ね1,500万円以上が貸付の対象です。民間金融機関などは、貸付条件が担保不動産評価額4,000万円以上というところが多く、それらに比べ利用しやすくなっています。

(7) 住宅のリフォーム

安心して生活できるような自宅のリフォーム
　高齢者になると、些細なことでも大きな怪我になりがちです。そのため、住宅をリフォームして、安心して生活できるように自宅のバリアフリー化は不可欠といえるかもしれません。
　住宅のリフォームであれば、新築と違って多額の資金を必要とすることもありません。玄関・出入口・トイレ・浴室などの段差をなくしたり、浴室の改良工事などが一般的ですが、車椅子での生活を考えれば、もう少し本格的なリフォーム工事が必要になるかもしれません。
　高齢者の住宅リフォームには資金面で公的援助を受けることが可能です。

(8) 住宅改修費支援制度

住宅改修費支援制度とは
　要支援と要介護1～5の高齢者の住む住宅をバリアフリーにしたり、手すりを付けたりする費用が1割負担で行えます。改修費用上限は20万円です。
　一旦は改修費用全額を支払い、その後申請すると上限金額内の9割が戻ってきます。
　原則として1回のみですが、例外として、改修後移転した場合と、初めて住宅改修をした時点から介護状態区分が3段階以上アップした場合（1回のみ）は再度利用することができます。
　この制度を利用する際は、事前申請が必要ですので、工事着工前に市区町村に届出をしなければなりません。

(9) 生活福祉資金貸付制度

生活福祉資金貸付制度とは
　生活福祉資金貸付制度とは、65歳以上の高齢者がいる世帯や低所得世帯、

障害者世帯などの生活を経済的に支えるとともに、在宅福祉及び社会参加の促進を図ることを目的に厚生労働省が創設した融資制度です。

いろいろな種類の貸付制度がありますが、その中の「福祉資金・福祉費」は住宅の増改築、リフォームなども貸付対象に含まれます。

原則連帯保証人が必要ですが、連帯保証人を立てる場合は無利子で貸付を受けられます。保証人がいない場合でも貸付を受けることはできますが、そのときは年1.5%の貸付利息がかかります。

東京都の場合

貸付の対象者や貸付金額や償還期間は、都道府県によって多少異なりますが、東京都の場合は図表80のようになります。

【図表80　生活福祉資金貸付制度の例】

①	対象者	日常生活上、療養または介護を必要とする、概ね65歳以上の高齢者が属し、その収入が次表の収入基準を超えない世帯。 【収入基準(平均月額)平成23年度】 <table><tr><td>世帯人数</td><td>1人</td><td>2人</td><td>3人</td><td>4人</td><td>5人</td></tr><tr><td>月額</td><td>206,000円</td><td>388,000円</td><td>514,000円</td><td>581,000円</td><td>634,000円</td></tr></table> 東京都内に住んでいて、住民票が都内にある人。
②	貸付上限額	250万円
③	据置期間	6か月以内
④	返済期間	7年以内
⑤	連帯保証人	原則必要だが、なしでも可
⑥	利子	保証人ありなら無利子、保証人なしなら年1.5%

注：問合せ先は、お住まいの市区町村の社会福祉協議会です。

(10) 高齢者向け返済特例制度

住宅金融支援機構が行っている融資制度

住宅金融支援機構が行っている融資制度です。

満60歳以上の高齢者が、自宅のバリアフリー工事または耐震改修を含むリフォーム工事を行う場合について、返済期間は利用者が亡くなるまでとし、毎月の返済は利息のみを支払います。

利用者の死亡時に相続人が一括返済するか、予め担保提供された建物・土地の処分により返済します。

融資限度額は1,000万円かリフォーム工事費のいずれか低い額となります。融資金利は利用者が申込みをした日の金利で全期間固定されます。

連帯保証人は「高齢者住居支援センター」がなり、保証料（借入金額1.5%）と事務手数料（借入金額の3.5%、上限36,750円）が必要となります。

⑾ その他の支援制度

市区町村などで独自に行っている貸付金制度や補助金制度の確認を

これらの貸付金のほかに、市区町村などで独自に行っている貸付金や補助金の制度がありますので、住んでいる地域の市役所などで確認するといいでしょう。

ただし、要件として、改修工事開始前に届出がいるケースがありますので注意が必要です。

【図表81　住宅特定改修特別税額控除（所得税）の概要】

適用要件	減税額
・改修工事をするのが①50歳以上の者、②介護保険法の要介護・要支援の認定を受けている者、③障害者である者、④65歳以上の親族や上記②③の親族と同居する者 ・バリアフリー改修工事の日から6か月以内に居住の用に供していること ・税額控除を受ける年分の合計所得金額が、3千万円以下であること ・工事の内容が、高齢者が自立した日常生活を営むのに必要な構造・設備の基準に適合させるための修繕または模様替えで、車椅子での移動を容易にするための通路や出入口の拡幅工事、階段の勾配を緩和する工事、一定の浴槽の工事などであること ・工事をした後の住宅の床面積が50平方メートル以上であり、床面積の2分の1以上の部分が専ら自己の居住の用に供するものであること。	実際の工事費用と標準的な工事費用のどちらか少ない金額（最高150万円）の10％に相当する金額。 ただし、ローンを組んでバリアフリー改修工事を行った場合に、特定増改築等住宅借入金等特別控除の適用要件も満たしているときは、これらの控除のいずれか1つの選択適用となります。

住宅特定改修特別税額控除

　また、住宅のリフォームのうち、バリアフリー改修工事については、資金面での公的援助のほか、税制面でも「住宅特定改修特別税額控除」があり、税制上の優遇措置を受けることができます。

　ただし、税制上の優遇措置が受けられるのは、住宅の品質確保の促進に関する法律や建築基準法に基づく機関の証明を受けた工事だけです。

　次に、市区町村独自で行っている制度を2つ紹介します。

高齢者住宅改修費助成（東京都大田区）

　対象者は65歳以上の高齢者で、介護保険の要介護認定で非該当とされた人で、在宅生活を続ける上で、住宅の改修が必要と認められる人です。

　手すりの取り付け、段差の解消、滑りの防止、異動の円滑化のための床または通路面の材料変更などの改修工事に要する費用を助成対象限度額の範囲内で助成します。

　助成対象限度額合計は20万円で、そのうち1割は自己負担となります。

　介護保険の要介護認定の申請をされていない人でも、改修が必要と認められる場合は、助成の対象になることがあります。

自立支援住宅改修給付（東京都練馬区）

　対象者は、65歳以上の、要介護認定で要支援1～2・要介護1～5と認定された人で、身体機能の低下や障害のために既存の設備の使用が困難な人です。

　浴槽の取り替え、流し・洗面台の取り替え、便器の洋式化及びこれらに付帯して必要な工事について、工事ごとに限度額が決められおり、その限度額内の場合、改修にかかる費用の3割が利用者負担で、残りを区が助成してくれます。

　いずれも工事着工前の事前申請が必要です。また、住宅改修を行う事業所は市区町村の指定業者となる場合もありますので、必ず事前に市区町村で相談をしてください。

4　成年後見

(1) 成年後見制度とは

判断能力が不十分な人を保護

　認知症、知的障害、精神障害などの理由で判断能力の不十分な人は、自分の不動産や預貯金などの財産を管理したり、身のまわりの世話をしてもらうために介護などのサービスや施設への入所のための契約を結んだり、遺産分割協議をしたりすることがあっても、自分でこれらのことを適正に判断するのが難しくなります。

　また、最近新聞などでも目にすることが多くなりましたが、自分にとって不利益な契約であってもよく判断ができずに契約を結んでしまったりして、悪徳商法の被害にあう恐れもあります。

　このような判断能力が不十分な人を保護し、支援する制度が「成年後見制度」です。

法定後見制度と任意後見制度の2種類

　成年後見制度は、大きく分けて、法定後見制度と任意後見制度の2種類があります。

(2) 法定後見制度

「後見」「保佐」「補助」の3つに分かれる

　法定後見制度は、「後見」「保佐」「補助」の3つに分かれます。判断能力の程度など、本人の事情に応じていずれかを選択できるようになっています。

成年後見人・保佐人・補助人

　成年後見人は、本人の利益を考えながら、本人を代理して契約などの法律

【図表82　成年後見制度の区分】

区分	本人の判断能力	援助者
後見	まったくない	成年後見人
保佐	著しく不十分	保佐人
補助	不十分	補助人

注：成年後見人・保佐人・補助人は家庭裁判所によって選ばれます。

行為をしたり、本人がした不利益な法律行為を後から取り消すことができます。

　保佐人は、本人が重要な財産行為や裁判所が決めた法律行為を自分でするときに同意を与えます。もし、本人が同意を得ないで不利益な法律行為をしたときは、後から取り消すことができます。

　補助人は、家庭裁判所の審判によって決められた特定の法律行為についてのみ、本人が同意を得ないでしたときは、後から取り消すことができます。

　ただし、自己決定尊重の観点から、日用品（食料品や衣料品等）の購入など「日常生活に関する行為」については、取り消しの対象になりません。

　成年後見人・保佐人・補助人は、本人のためにどのような保護・支援が必要かなどの事情を考慮して、家庭裁判所が選任します。

医師・市区町村の相談窓口・家庭裁判所に早めに相談にいく

　本人の判断能力が衰えたと感じたら、家族の人は、医師・市区町村の相談窓口・家庭裁判所に早めに相談にいくことをお勧めします。

　図表83を見れば、申立の動機としては、財産管理処分が最も多く、次いで、身上監護となっていることがわかります。

【図表83　成年後見関係事件の申立件数】

年　度	平成18年	平成19年	平成20年	平成21年	平成22年
件　数	32,125件	24,727件	26,459件	27,397件	30,079件

注：各年の件数は、それぞれ当該年の1月から12月までに申立のあった件数です。
（出所：最高裁判所事務総局家庭局調べ。以下同じ）

【図表84　申立の動機】

財産管理処分	遺産分割協議	訴訟手続等	介護保険契約	身上監護	その他	合計
53.8%	9.5%	2.6%	7.3%	20.8%	6.0%	100%

成年後見人等と本人との関係

　成年後見人・保佐人・補助人は、本人の親族以外にも、法律・福祉の専門家そのほかの第三者や、福祉関係の公益法人そのほかの法人が選ばれることもあります。

　成年後見人・保佐人・補助人を複数人選任することも可能です。また、成年後見人・保佐人・補助人を監督する監督人が選ばれることもあります。

【図表85　成年後見人等と本人との関係】

配偶者・親・子・兄弟姉妹・その他の親族	弁護士	司法書士	社会福祉士	法人	その他	合計
58.3%	10.2%	15.6%	8.9%	3.3%	3.7%	100%

法定後見の申立

　法定後見の申立は、本人・配偶者・4親等内の親族などが請求できますが、身寄りがないなどの理由で、申立をする人がいない場合には、認知症高齢者・知的障害者・精神障害者の保護を図るため、市町村長に法定後見人（後見・保佐・補助）の開始の審判の申立権が与えられています。

成年後見人は家庭裁判所の監督を受ける

　成年後見人は、本人の生活・医療・介護・福祉など、本人の身のまわりの事柄にも目を配りながら本人を保護・支援します。

　しかし、成年後見人の職務は本人の財産管理や契約などの法律行為に関するものに限られており、食事の世話や実際の介護などは、一般に成年後見人の職務ではありません。

　成年後見人は、その事務について家庭裁判所に報告するなどして、家庭裁判所の監督を受けることになります。

(3) 法定後見手続

法定後見の申立手続

　法定後見の審判が申し立てられると、家庭裁判所の調査官が調査をし、審判官が審問を開いて直接本人や成年後見人（保佐人・補助人）の各候補者に会って意見を聴取します。また、申立人以外の親族の意向も確認します。

　また、後見・保佐・補助のいずれに該当するかは、本人の判断能力に関係しますので、原則として医師の鑑定が必要になります。そのため、鑑定費用がかかります。

　このような手続を経て、家庭裁判所は、後見（保佐または補助）開始を決定し、成年後見人などを選任します。

(4) 任意後見制度

任意後見制度とは

　任意後見制度は、本人に十分な判断能力があるうちに、将来、判断能力が不十分な状態になった場合に備えて、予め自らが選んだ代理人「任意後見人」に、自分の生活・療養看護や財産管理に関する事務について代理権を与える契約「任意後見契約」を公証人の作成する公正証書で結んでおくというものです。

　そうすることによって、本人の判断能力が低下した後に、任意後見人が、任意後見契約で決めた事務について、家庭裁判所が選任する「任意後見監督人」の監督のもとに本人を代理して契約などをすることにより、本人の意思に従った適切な保護・支援をすることが可能になります。

任意後見の申立

　なお、任意後見の申立は、本人・配偶者・4親等内の親族などができます。任意後見人は、信頼できる人に頼むべきですが、法律・福祉の専門家に相談してもいいでしょう。

⑸　成年後見登記制度

成年後見登記制度とは
　成年後見登記制度とは、成年後見人などの権限や任意後見契約の内容などをコンピュータ・システムによって登記し、登記官が登記事項を証明した「登記事項証明書」（登記事項の証明書・登記されていないことの証明書）を発行することによって登記情報を開示する制度です。

権限などを確認してもらうなどのときに利用
　例えば、成年後見人が、本人に代わって財産の売買・介護サービス提供契約などを締結するときに、取引相手に対し「登記事項の証明書」を提示することによって、その権限などを確認してもらうという利用方法があります。
　また、成年後見（法定後見・任意後見）を受けていない人は、自分が「登記されていないことの証明書」の交付を受けることもできます。
　成年後見登記は、後見開始の審判がされたときや、任意後見契約の公正証書が作成されたときなどに、家庭裁判所または公証人の嘱託によって登記されます。

登記後の住所変更などにより登記内容に変更が生じたとき
　また、登記されている本人・成年後見人などは、登記後の住所変更などにより登記内容に変更が生じたときは「変更の登記」を、本人の死亡などにより法定後見または任意後見が終了したときは「終了の登記」を、それぞれ申請する必要があります。
　この「変更の登記」「終了の登記」の申請は、本人の親族などの利害関係人も行うことができます。

証明書の交付を請求できる人
　この証明書の交付を請求できる人は、取引の安全の保護と本人のプライバシー保護の調和を図る観点から、本人、その配偶者・4親等内の親族・成年

後見人など一定の人に限定されています。
　単に、取引相手であることを理由に請求はできません。

本人の配偶者や4親等内の親族が証明書交付の請求するとき

　本人または成年後見人などが証明書の交付をする場合には、申請書以外の添付書面は必要ありませんが、本人の配偶者や4親等内の親族が請求する場合には、その資格を証する書面として、本人との親族関係がわかる戸籍の謄抄本などを添付する必要があります。
　また、本人からの委任を受けた代理人も、本人に代わって証明書の交付を請求することができますが、この場合には委任状の添付が必要となります。

(6)　成年後見制度の問題点

意外と普及しない成年後見制度

　平成12年4月に成年後見制度は発足しましたが、12年経っても申立件数は年間3万人前後で推移しており、65歳以上の高齢者で判断能力に問題ある人（成年後見制度の対象になる人）全体からみれば、成年後見制度を利用する人の割合は極めて少ないことになります。
　その理由としては、身近にしっかりとした親族がいれば、わざわざ成年後見制度を利用しなくても大抵のことは何とかなることがあげられます。また、成年後見制度を申し立てるのに大変な手間と時間がかかることも、制度の普及が進まない大きな理由となっています。

後見人の不正が後を絶たない

　また、後見人の代理権限の範囲は広く、大抵のことは何でもできることになります。後見人は本人の利益保護を優先すべきことは当然ですが、残念ながら被後見人の財産を勝手に使い込んだりする事例があるのも事実です。
　特に親族の場合、家族であるという意識もあり、ついつい被後見人の財産や収入を自分のために流用するケースが後を絶ちません。後見監督人制度もありますが、家庭裁判所のような権威も強制力もないのが実情なのです。

5　遺言

(1) 遺言がない場合の相続

相続とは

　相続とは、被相続人（故人）の遺産を「誰が、何を」引き継ぐかを決める手続です。遺言がないと、法定相続人が遺産分割協議をすることになります。
　民法では、相続人になる者の順序と範囲が決められています。配偶者は常に相続人となります。

第1順位は子

　第1順位が子（子が死亡して孫がいれば孫）です。子は実子と養子を問いません。この場合、配偶者と子の相続割合は2分の1ずつとなり、子が何人かいれば2分の1を均等に分割します。
　被相続人に前妻の子と後妻の子がいる場合には、前妻の子と後妻の子には等しく相続権があります。相続実務では、特にトラブルになりやすいケースです。

第2順位は父母・祖父母などの直系尊属

　次に、被相続人に子がいないと、父母・祖父母などの直系尊属が相続人となります（第2順位）。
　この場合、配偶者と直系尊属の相続割合は、配偶者が3分の2・直系尊属が3分の1となります。

第3順位は兄弟姉妹

　最後が兄弟姉妹（第3順位）です。この場合、配偶者と兄弟姉妹の相続割合は、配偶者が4分の3・兄弟姉妹が4分の1となります。

遺産分割協議

したがって、該当する相続順位の相続人全員で話し合い相続人全員が合意しなければ、遺産分割協議は成立しません。

前述したとおり、遺産分割協議は、文字どおり話し合いですから、全員の意見が一致しないと成立しませんが、逆に全員が合意すれば法定相続割合と異なる遺産分割内容でも、もちろん有効です。

極端な場合、特定の相続人が全く遺産を譲り受けないとしても問題ありません。

【図表86　法定相続の優先順位】

【第1順位の相続人が相続する場合】

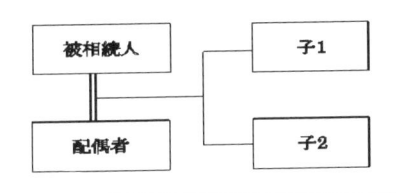

法定相続人	法定相続分
配偶者	1/2
子1	1/2×1/2＝1/4
子2	1/2×1/2＝1/4

【第2順位の相続人が相続する場合】

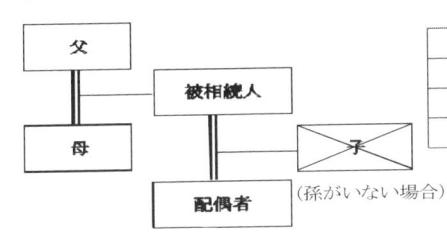

法定相続人	法定相続分
配偶者	2/3
父	1/3×1/2＝1/6
母	1/3×1/2＝1/6

（孫がいない場合）

【第3順位の相続人が相続する場合】

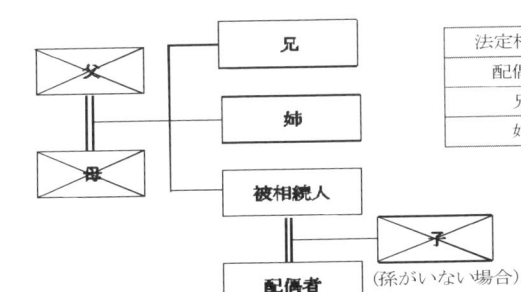

法定相続人	法定相続分
配偶者	3/4
兄	1/4×1/2＝1/8
姉	1/4×1/2＝1/8

（孫がいない場合）

現実には争続になるケースが多い

さすがに、遺産ゼロはレアーケースかもしれませんが、長男などが実家を相続し、他の相続人はあまり高額でもない預貯金を相続するという形で、遺産分割協議が成立するケースも多くあります。

それとは対照的に、法定相続割合を主張して一歩も譲らないどころか、弁護士まで立てる相続人がいるのも現実なのです。

相続の目的は、「残された遺族（相続人）に遺産を円滑に引き継ぐこと」です。それには相続人全員が納得して円満に遺産分割協議することが何よりも重要です。

ところが現実は、必ずしもそのようにはならないことが多いようです。

相続人同士で話し合いがつかないとき

相続人同士で話し合いがつかない場合、家庭裁判所で調停をすることになります。それでも話し合いがつかないときは、裁判所により民法の定めに基づいて遺産分割をすることになります。

【図表87　遺産分割事件のうち認容・調停成立件数（分割をしないを除く）】

遺産の価額	1,000万円以下	5,000万円以下	1億円以下	5億円以下	5億円を超える	算定不能・不詳
総数 7,987	2,469 (30.9%)	3,465 (43.4%)	1,060 (13.3%)	590 (7.4%)	51 (0.6%)	352 (4.4%)

（出所：平成22年度司法統計家事事件編第50表より抜粋）

相続はお金持ちのだけの問題でない

図表87を見れば、遺産総額5,000万円以下の割合は全体の72.8％を占めます。これをご覧いただければ、「相続はお金持ちのだけの問題でない」ことがおわかりいただけると思います。

その理由は、現預金が少なく、不動産など分割が難しい遺産などが多いためであろうと推察されます。

7人に1人が裁判所に相談を持ち込むという現実

家庭裁判所での相続の相談件数は過去10年間で倍増しており、年間死亡

者の約15％、およそ7人に1人が裁判所に相談を持ち込むという現実だけはしっかりと理解しておく必要があるでしょう。

【図表88　相続手続の流れ】

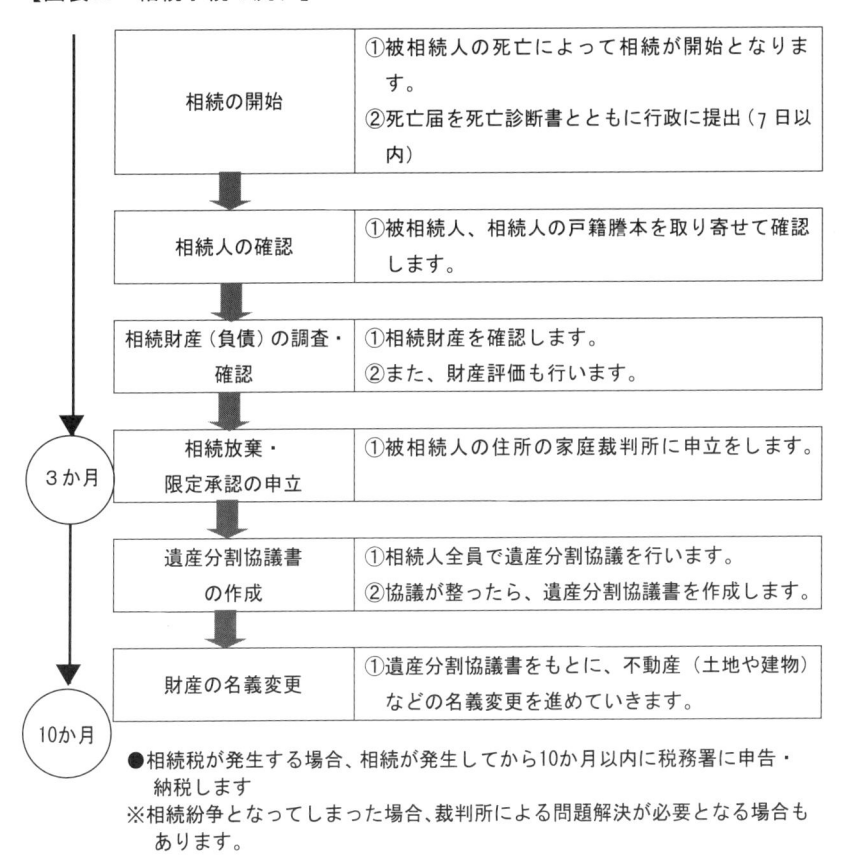

	相続の開始	①被相続人の死亡によって相続が開始となります。 ②死亡届を死亡診断書とともに行政に提出（7日以内）
	相続人の確認	①被相続人、相続人の戸籍謄本を取り寄せて確認します。
	相続財産（負債）の調査・確認	①相続財産を確認します。 ②また、財産評価も行います。
3か月	相続放棄・限定承認の申立	①被相続人の住所の家庭裁判所に申立をします。
	遺産分割協議書の作成	①相続人全員で遺産分割協議を行います。 ②協議が整ったら、遺産分割協議書を作成します。
10か月	財産の名義変更	①遺産分割協議書をもとに、不動産（土地や建物）などの名義変更を進めていきます。

●相続税が発生する場合、相続が発生してから10か月以内に税務署に申告・納税します
※相続紛争となってしまった場合、裁判所による問題解決が必要となる場合もあります。

(2) 遺言のメリット

　現行の民法は相続と親の扶養を切り離してとらえているといっても過言でありません。そのため、親の面倒を見ない相続人が法定相続分を要求することもあります。
　遺言がないと法定相続割合が遺産分割の基本となります。

5　遺言　127

相続財産には分割しやすいものと分割しにくいものがある

ところが、相続財産には分割しやすいもの（現預金など）と分割しにくいもの（不動産など）があります。

法定相続割合での遺産分割という前提では相続人全員の合意が得られても、実際に遺産の何を誰が相続するかという具体的な話になると、相続人の間でなかなか折り合いがつかないことも多いのです。

遺言作成で相続争いを未然に防止することが可能になる

遺言を作成することにより、遺言者（被相続人）の意思を明確にすることで、相続争いを未然に防止することが可能になるのです。特に、遺言者が何故このような遺言を書いたかという「心情」を吐露することで、相続人間の感情のわだかまりは随分と静まるものです。

遺言の効能

遺言の効能としては次のようなことがあります。

① 居住用不動産に、居住しない相続人の持分があると後々問題となりますが、遺言でそのような相続人を排除することができます。
② 相続税を軽減するために、小規模宅地の評価減（これら相続税に関する事項については、後でご説明します）の特例が適用可能な相続人に相続させたいが、遺産分割協議ではそのようになる保証はないため、遺言で相続人を指定することができます。
③ 被相続人に子がいない場合、配偶者にのみ相続させる旨の遺言があれば、兄弟姉妹に相続させないといったことが可能になります。

このように、遺言も使いようでかなりのメリットがあります。

また、法定相続人以外に遺産を残す（これを「遺贈」といいます）場合には、遺言が欠かせません。最期の世話をしてくれた第三者や法定相続人ではない孫や法人など、法的に効力のある遺言で相手を指定しておけば、誰でも財産を遺贈できます。

なお、それ以外にも、お墓などを承継してこれを守る人（祭祀主宰者）を指定したりすることもできます。

(3) 遺言の種類

遺言の3つの種類
　遺言には、次の3つの種類があります。
① 自筆証書遺言
② 秘密証書遺言
③ 公正証書遺言

【図表89　公正証書遺言の数の推移】

年　度	平成16年	平成17年	平成18年	平成19年	平成20年	平成21年
件　数 （増減率）	66,592 (3.4%)	69,831 (4.8%)	72,235 (3.4%)	74,160 (2.7%)	76,436 (3.1%)	77,878 (1.9%)

（出所：平成21年度司法統計家事事件編より抜粋）

【図表90　遺言書の検認件数の推移】

年　度	平成16年	平成17年	平成18年	平成19年	平成20年	平成21年
件　数	11,662	12,347	12,596	13,309	13,632	13,963

（出所：平成21年度司法統計家事事件編より抜粋）

「自筆証書遺言書」か「公正証書遺言書」のいずれかを作成するのが一般的
　近年、遺言は増加傾向にあります。ただし、「秘密証書遺言」はほとんど利用されていません（そのため、内容説明も省略いたします）。
　したがって、「自筆証書遺言」か「公正証書遺言」のいずれかの遺言を作成するのが一般的です。

(4) 自筆証書遺言

遺言者が遺言の全文、日付、署名を直筆（パソコンは不可）で記載
　自筆証書遺言は、遺言者が遺言の全文、日付、署名を直筆（パソコンは不可）で記載し、押印して作成します。加筆・訂正にも厳格なルールがあり、変更したことを付記し、そこに署名押印が必要になります。

家庭裁判所の検認が必要

　自筆証書遺言は、作成費用がかからないこと、誰にも遺言の内容を知られずに作成することができること、といったメリットがあります。

　ただし、自筆証書遺言は家庭裁判所の検認（遺言の存在を確認してもらうこと）が必要です。

自筆証書遺言のデメリット

　自筆証書遺言のデメリットは、自分だけで作成するため様式不備により遺言が無効とされる可能性があることです。筆者が直面したケースでは、自筆証書遺言に、ご主人が奥さん宛に「おウチ（家）は君のものです」と記載していたため、遺言だけでは相続登記ができず、改めて相続人全員から遺産分割協議書に押印してもらわなければならないケースがありました。

　そのほかにも、自筆証書遺言には、盗難・紛失・第三者による隠匿や変造などの危険性やそもそも「遺言が本物なのか」といった問題があります。

遺族にとっては厄介な遺言

　自筆証書遺言は書くのは簡単ですが、有効なものにするためには細心の注意が必要で、遺族にとっては厄介な遺言でもあるのです。

⑸　公正証書遺言

公正証書遺言とは

　公正証書遺言は、遺言者が公証人に遺言内容を口述し、その内容をもとに公証人が作成しますので、様式不備で遺言が無効になる心配はありません。

　また、遺言の原本は公証役場で保管しますので、自筆証書遺言のように盗難・紛失・第三者による隠匿・変造の心配も要りません。

　公正証書遺言は家庭裁判所の検認が不要なのもメリットです。

　公正証書遺言作成のための公証人への手数料ですが、遺産の額に応じて決まり、「100万円以下は5,000円」「100万円を超え3,000万円以下は23,000円」といった程度です。

公正証書遺言のデメリット

しかしながら、公正証書遺言の作成には費用がかかること、利害関係のない証人2人の立会が必要になるなどのデメリットもあります。

(6) 自筆証書遺言には実務上問題がある

自筆証書遺言には実務上問題がある

最近は自筆証書遺言関係の書籍も多く出版されており、自筆証書遺言の作成がちょっとしたブームになっているようです。ところが、自筆証書遺言には実務上問題があります。

自筆証書遺言の場合、遺言執行人単独で預貯金や株式の処分行為ができない

遺言では通常、遺言執行者を指定します。遺言執行者とは、遺言内容を具体的に実行していく人のことです。

預貯金の払戻し、名義の書き換え・株式の引き渡し、名義書き換えなど、遺産の処分に関する事項を相続人に代わって遺言執行者の権限で行うことになります。

公正証書遺言で遺言執行者に指定されますと、多くの金融機関・証券会社では、遺言執行者単独による預貯金や株式に関する処分行為が可能です（ただし、金融機関・証券会社によっては、遺言執行者が職業専門家以外の場合はできないところもあったりします）。

ところが、自筆証書遺言の場合、多くの金融機関・証券会社では、遺言執行人単独で預貯金や株式に関する処分行為ができず、相続人全員の実印押印が必要になるのです。

相続人全員の押印をもらうことは面倒なこと

相続人全員の押印をもらうことは簡単であるようで、実は面倒なことなのです。特に、遺言で不利な扱いを受ける相続人から押印をもらうことは至難の業ともいえる作業になることもあるのです。

この点については、皆さんも納得できるのでないでしょうか。

公正証書遺言の利用を強くお勧めする

　筆者が、公正証書遺言の利用を強くお勧めする理由はまさにこの点にあります。自筆証書遺言がブームになっていますが、この点についての理解がどの程度あるのか、筆者には多いに疑問があります。

(7)　遺留分にご注意を

遺留分とは

　遺留分とは、簡単にいえば、法定相続人に保証された最低の相続分のことです。

　遺留分を受け取ることができる人は、配偶者・子（遺留分は法定相続割合の2分の1）及び父母などの直系尊属（遺留分の割合は法定相続分の3分の1）に限られます。

　したがって、兄弟姉妹には遺留分はありません。ということは、遺言を作成すれば兄弟姉妹に遺産を渡す必要はないということです。

遺留分を無視したからといって遺言自体は無効にならない

　遺言で相続分を定める場合に、遺留分の違反することができないと定められています（民法902条1項ただし書）。

　しかし、遺言でする相続分の定めにおいて、遺留分を無視したからといえども、その遺言自体が無効になるわけではありません。

遺留分減殺請求

　もちろん、遺留分を侵害された相続人は、相続開始を知った日から1年以内に遺留分を請求することが可能です。これを、「遺留分減殺請求」といいます。

　1年を過ぎると権利がなくなりますので、トラブルを防ぐには「配達証明郵便」で送ることが重要です。

　遺留分減殺請求をしなければ、遺言で定められた相続分どおりに配分されます。

無用の争いを避けるためにも、遺言作成にあたってはできるだけ遺留分を考慮した遺言を作成することが望ましいといえるでしょう。

公証役場で公正証書遺言に署名する段になって翻意

しかしながら、現実には遺留分を考慮しない、極端な場合全く無視した遺言が作成されるケースが多いのも事実です。筆者が経験したケースでも、このような事例がありました。

公正証書遺言は、前述のとおり「遺言」自体は遺言者から聞き取り、公証人が文面を作成します。

遺言者からの聞き取りの時点では、長女に遺留分を考慮した遺言内容でよいと仰っていた遺言者が、いざ公証役場で公正証書遺言に署名する段になって、「やはり、長女には一切財産をやらない」と翻意され、結局「長女には一切財産を相続させない」という遺言に書き換えられてしまいました。

これまで遺言者と長女の間にどのような確執があったのかは伺い知れませんが、筆者には衝撃でした。

遺言に異を唱えることなく終わるケースのほうが多い

また、遺言執行段階でも、公正証書遺言で遺留分を侵害された相続人がいたとしても、遺留分減殺請求される場合とそうでない場合を比べれば、筆者の感覚では遺留分減殺請求されずに、つまり、遺言に異を唱えることなく終わるケースのほうが多いのです。

被相続人の意思には逆らえないという無言の圧力が公正証書遺言にはあるように筆者には思えます。

公正証書遺言は、相続人に行方不明の人がいる場合にも便利

また、公正証書遺言は、相続人に行方不明の人がいる場合にも便利です。戸籍を追えば相続人の現住所（といっても、住民票の所在地ですが）は調べることができます。

通常は、現住所に郵便を出し、遺言内容を伝えることになりますが、現住所に不在の場合、もはや連絡の取りようがありません。

このような場合、遺産分割協議では家庭裁判所に失踪宣告を申し立てて失踪宣告を受ける方法と、不在者の財産管理人の選任を得る方法がありますが、いずれにしても大変な手間がかかります。

その点、公正証書遺言で遺言内容を工夫することにより、たとえ相続人に不在者がいたとしても、スムーズな遺言執行が可能となります。

(8) エンディングノート

エンディングノートとは

最近、自筆証書遺言とともに、結構利用されているのがエンディングノートと呼ばれるものです。エンディングノート自体、最近普及し出したものであるため、あまりご存じない人も多いかもしれません。

エンディングノートとは、自分の家族や自分自身のために、遺族に伝えておきたいことや死後の希望や自分自身の思いなどをつづったものです。

エンディングノートは、残された遺族の立場からも、生前に聞いておきたいことを記録してもらう意味でも意義があります。エンディングノートは自由に書けますから、逆に遺言のような法的効力はありません。

エンディングノートの記載内容

エンディングノートには、一般的には図表91のような事項を記載します。

【図表91　エンディングノートの記載事項】

```
① 履歴（自分自身の記録）
② 終末期医療（延命治療をして欲しいかどうか、どこで死を迎えたいか、臓器提供の意思など）
③ 葬儀（葬儀の内容、誰に葬儀に列席してほしいかなど）
④ 墓（どこに埋葬してほしいか、どのような墓を望むかなど）
⑤ 自分の財産状況（特に債務がある場合には記載が望ましい）
⑥ 保険・年金（加入している保険内容、自分の受給している年金の内容）
⑦ 遺言書（遺言書作成の有無、保管場所がどこか）
⑧ メッセージ（家族・友人へのメッセージ）
```

これらの記載内容からも、エンディングノートは相続の準備というよりも、自分の生前を振り返り人生最期にどうしてほしいかをつづったものです。

⑼　遺言とエンディングノートは別々につくる

存在を遺族に知っていてもらう
　エンディングノートは、自分の死後に発見されては遅いので、エンディングノートを書いたら、必ずその存在を遺族に知っていてもらう必要があります。エンディングノートの内容には、死後では対処できない事項もあるからです。

エンディングノートと遺言はそれぞれ別に作成しよう
　一方、遺言は死亡前に開封するという性質のものではありません。遺言の存在自体は、相続人に知っていてもらう必要がありますが、その中身については、むしろ生前に知られてはいけないものです。
　遺言とエンディングノートはそれぞれ違った役割をもつものです。したがって、エンディングノートと遺言はそれぞれ別に作成しましょう。

付言事項
　遺言にも、付言事項といい法律で定められていないことを遺言に記載することが認められています。
　ただし法的な効果がないため、遺言に記載されてもそれが実現する保証はありませんが、遺言者の意思が尊重されれば付言事項といえども実現します。
　例えば、葬儀の方法を付言事項として書いたとします。
　自筆証書遺言では家庭裁判所の検認手続が必要になりますから、おそらく葬儀の段階で遺言内容を知ることはできないでしょう。
　公正証書遺言であれば、死後、時を置かず開封できますから、葬儀に間に合うかもしれません。
　ただし、遺言の開封を死後直ぐに行うというのはあまりないのが普通でしょう。
　したがって、遺言に葬儀に関する事項を記載しても、その実効性はあまりないというべきです。

⑽ あなたにも相続税が課税されるかも

小規模宅地等の特例制度の要件が厳しくなった
　あなたの家を継ぐのに、子どもたちが相続税を支払わなければならないケースが増加しています。
　まず、キーポイントとなるのが、「小規模宅地等の特例」という制度です。この制度を利用すると相続税評価額を大幅に減らすことが可能となり、結果的に相続税を大きく減らしたり、無税になったりすることが可能なのですが、この適用要件が平成22年4月から厳しくなりました。

特例が使えるのは「同居」の場合に厳格化された
　従来は、240平方メートルまでは、居住用宅地の相続税評価額からほぼ自動的に8割評価額を減らすことができました。つまり、相続税評価額が1億円の居住用宅地であれば、8割評価減して2,000万円の評価額となったのです。
　ところが、子どもが相続する場合、基本的に、この特例が使えるのは「同居」の場合に厳格化されたのです。同居していない子どもはこの特例が適用できないのです。居住用宅地の評価額が1億円と2,000万円では大違いです。

有料老人ホームに入所し自宅が空き家になってしまうと特例は適用できない
　まず、居住用宅地の内容ですが、例えば夫婦2人で介護付き有料老人ホームに入所し、従来の自宅が空き家になってしまうと、もはや小規模宅地の評価減の特例は使えないのです。
　ただし、特別養護老人ホーム（特養）であれば、「一時的」とみなされることもあります。

二世帯住宅の住み分けで同居とみなされないと特例適用はない
　さらに、最近はやりの「二世帯住宅」も要注意です。二世帯住宅は、1階と2階を両親と子供夫婦で住み分けるケースが多いですが、お互いに気兼ね

なく出入りするため、家の外に階段を付けたりすることがよくあります。この場合、玄関が別々と判断されると、「同居」とみなされないことになるからです。

「同居」の要件を満たすためには、建物内部にも階段を設置するといった工夫も必要になります。

相続財産の中で、大きな割合を占める居住用宅地だからこそ、その相続税評価額を如何に抑えることができるかが、相続税の負担額にも大きく影響してくるのです。

相続税の仕組みをよく知り、それに応じた対策をすること

できるだけ評価減の特例を使えるようにすることが重要になってきます。相続税の仕組みをよく知り、それに応じた対策をすることが欠かせません。

それとともに、遺産分割を相続人同士の協議に委ねるよりは、予め「遺言」で相続人を指定しておくことが今後ますます重要になります。

ご注意！　相続税の増税

また、今年の国会で審議中の「社会保障と税の一体改革」関連法案には相続税の増税も盛り込まれていました（相続税の増税法案は平成23年度の税制改正では結局廃案となりました）。

それによれば、基礎控除額（5,000万円＋法定相続人×1,000万円から3,000万円＋法定相続人×600万円に）が引き下げられ、税率も引き上げられます。配偶者と子ども2人の場合、従来の基礎控除額（非課税枠）は8,000万円ですが、これが4,800万円に引き下げられてしまうのです。そのため、従来なら非課税で済んだ場合も今後は課税されるケースが増え、さらに課税される相続税の税額も大きくなります。

もし、この法案が成立すると、現在では4％程度の人しか納付していない相続税が、地価の高い東京国税局管内では10倍以上になるともいわれています。

小規模宅地等の評価減の特例の厳格化と相まって、相続税の負担は資産家のみならず、都市圏に住むサラリーマン家庭や公務員家庭まで確実に広がっていくのです。

6 生前贈与

生前に相続財産を贈与したい場合には、生前贈与を活用する

資産を引き継ぐには、大別して「相続」と「贈与」があります。

あなたが健在であるうちに、子どもらにお金が必要な場合や、生前に相続財産を贈与したい場合には、生前贈与を活用することを検討するべきです。

(1) 暦年贈与

贈与税は暦年（1月～12月）で110万円までは非課税

みなさんもご存じかもしれませんが、贈与税は暦年（1月～12月）で110万円までは非課税です。これを「贈与税の基礎控除」といいます。

毎年行う贈与のことを暦年贈与という

毎年行う贈与のことを「暦年贈与」といいます。

通常、贈与税といわれるのは、暦年贈与のことです。

【図表92　贈与税（暦年課税分）の取得財産価額別申告一覧】

取得財産の価額	150万円以下	200万円以下	400万円以下	700万円以下	700万円を超える
総数 261,133	116,503 (44.6%)	32,482 (12.4%)	65,960 (25.3%)	26,875 (10.3%)	19,313 (7.4%)

(出所：平成22年度国税庁統計年報より抜粋)

贈与税は、財産の贈与を受けた人にかかる税金

贈与税は、財産の贈与を受けた人にかかる税金です。決して贈与をした人にかかる税金ではありません。この点を正しく理解されていない人も実は多いのです。

また、贈与税の基礎控除額は、贈与を受ける人1人あたりの金額です。

【図表93　贈与税の仕組み】

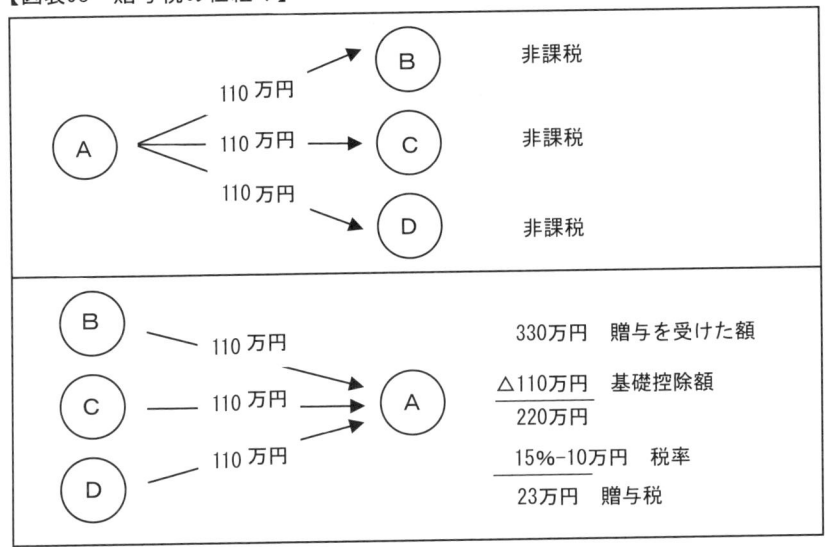

```
                    110万円
         A ─────────→ B    非課税
           ─ 110万円 → C    非課税
             110万円
                    → D    非課税

   B ── 110万円 ─┐            330万円   贈与を受けた額
   C ── 110万円 ─→ A         △110万円   基礎控除額
   D ── 110万円 ─┘            220万円
                              15%-10万円  税率
                              23万円     贈与税
```

増税となれば、これまで以上に多くの人が相続税の負担に巻き込まれる

　前述のとおり、今後、相続税率が引き上げられることは間違いないでしょう。ただし、今のところ、いつから引き上げられるのかその時期は全く未定です。

　しかし、いったん増税となれば、これまで以上に多くの人が相続税の負担に巻き込まれることになります。

　ところで、多くの人は、贈与税は高いと思っているのではないでしょうか。

相続財産を減らす最大のポイントは、生前から計画的に財産を移すこと

　暦年で110万円までの範囲で、毎年コツコツと贈与を続けていけば、それだけ相続財産が減っていきますから、その分だけ相続財産が減り、相続税負担が抑えられることになるわけです。

　1年で110万円（贈与税の基礎控除）という金額は少ないような気もしますが、毎年贈与を続ければ、決してバカにしたものでもありません。

　110万円を5年間続けて贈与すれば550万円、10年間続けて贈与すれば

1,100万円、さらに20年間続けて贈与すれば何と2,200万円も非課税で贈与できるのです。

相続財産を減らす最大のポイントは、生前から計画的に財産を移して減らしていくことなのです。

子どもが3人いれば20年間贈与を続けると

60歳から、相続税対策として年110万円の贈与を20年間続けると、2,200万円を非課税で贈与できることは前述したとおりですが、例えば、子どもが3人いれば20年間贈与を続けると、2,200万円×3人＝6,600万円の財産を非課税で子どもに移せるのです。

もし、これをせず相続となれば、6,600万円がそのまま相続財産となるのです。

贈与は誰に対しても可能

さらに、贈与は誰に対しても可能ですから、子どもだけでなく、孫にも贈与することもできます。

子ども3人に孫が2人ずついるとなれば、合計で9人に20年間贈与を続けると、2,200万円×9＝1億9,800万円の金額を相続人に移すことができるのです。

(2) 暦年贈与の注意点

暦年贈与を行うときの留意点

暦年贈与を行う場合には、図表94の点に注意して贈与をすることが必要です。

連年贈与

税法には連年贈与という考え方があります。「毎年、子どもに100万円ずつ20年間にわたって贈与する」と契約をしたならば、1年ごとに100万円の贈与を受けると考えるのではなく、契約をした年に、有期定期金に関する

【図表94　暦年贈与を行うときの留意点】

① 贈与の事実を残すこと	・現金で贈与しないで振込にすることで、客観的な記録を残すこと ・贈与契約書を作成しておくこと
② 贈与を受けた人が財産を管理すること	・贈与した人が通帳や印鑑などを保管しないこと ・贈与を受けた人が贈与された財産を自由に使っていること
③ 毎年同じ金額にしないこと	

権利（20年間にわたり毎年100万円ずつの給付を受ける権利）の贈与を受けたものとして贈与税の申告が必要となります。

そうなると、この場合、当初の年に約1,500万円（期間20年・予定利率3％として）の贈与がなされたと認識されますので、多額の贈与税がかかります。同額を毎年贈与していると、税務署に「2,000万円の贈与を単に20年に分けているのだな」と誤解される可能性があるのです。

連年贈与とならないために

そのため、連年贈与とならないためには、図表95の対応をすることです。

【図表95　連年贈与とならないための対策】

連年贈与とならないための対策
- ① 毎年、贈与する金額を変える
- ② 毎年、贈与をする日を変える
- ③ 毎年、贈与をするごとに、贈与契約を結ぶ
- ④ 贈与を受けました、という証拠をつくる

そのとき、銀行振込金額を毎年少しずつ変えたりすることがポイントです。今年は110万円、来年は100万円、再来年は105万円というようにするのです。

暦年贈与について税務調査でよく問題になるのは

暦年贈与について税務調査でよく問題になるのが、現実に贈与があったか

という点です。

贈与する人と贈与される人の通帳間でそれぞれ出金と入金の事実があり、その金額が一致していることが重要です。

決して現金で贈与せず、通帳などに入出金の記録を残すようにします。

それぞれの通帳をお互い別々に管理することも大切

もちろん、贈与をした人と贈与を受けた人がそれぞれの通帳をお互い別々に管理することも大切です。

せっかく積み重ねてきた贈与の努力が無駄にならないように十分注意してください。

贈与税の申告を行い納税することも有効

また、贈与税の基礎控除額を上回る贈与をあえてして、贈与税の申告を行い納税することも有効です。

110万円を1万円だけオーバーした111万円の贈与をして贈与税の申告をし、1万円に対する贈与税1,000円を納税するのです。

(3) 相続時精算課税制度

相続時精算課税制度とは

相続時精算課税制度は、生前の贈与に2,500万円までの特別控除を認める制度です。2,500万円までなら、1回でも複数回に分けても贈与することが可能です。贈与する回数や財産の種類に制限はありません。

ただし、2,500万円を超えた部分には一律20％の贈与税がかかります。

【図表96　贈与税（相続時精算課税分）の取得財産価額別申告一覧】

取得財産の価額	200万円以下	400万円以下	1,000万円以下	2,000万円以下	2,000万円を超える
総数 50,667	9,908 (19.6％)	10,755 (21.2％)	9,167 (18.1％)	13,618 (26.9％)	7,219 (14.2％)

(出所：平成22年度国税庁統計年報より抜粋)

相続時精算課税制度を利用したときは

　相続時精算課税制度を利用した場合、相続発生時には亡くなった人の相続財産とこの生前贈与分を合算して相続税を計算することになります。

　そのとき負担した贈与税は相続税から控除されます。

　逆に、相続税が負担した贈与税よりも少ない場合には、差額が還付されます。

相続時精算課税制度では、短期に多額の金額の財産が贈与できる

　暦年贈与が毎年110万円の基礎控除しか認められないのと比べると、相続時精算課税制度では、短期に多額の財産が贈与できる点が好対照な生前贈与といえます（図表92および図表96参照）。

相続時精算課税制度は、親が65歳以上・子が20歳以上でないと使えない

　現行では、相続時精算課税制度は、親が65歳以上・子が20歳以上でないと使えません。

　また、いったん相続時精算制度を選択すると、贈与税の暦年贈与は適用できなくなります。

　そのため、相続時精算課税制度を使うか、暦年贈与を使うかは、しっかりと見極める必要があります。

相続時精算課税制度を利用するメリット

　相続時精算課税制度を利用するメリットは、何といっても「一度に多額の財産を子どもに移転できるということです。例えば、親が相続または購入した土地の相続税評価額が高額になる場合、相続時に遺産分割の対象となると、相続人間で相続争いにつながることにもなりかねません。

　相続時精算課税制度を利用すれば、2,500万円までは非課税で特定の子に贈与することができます。夫婦2人からだと2,500万円×2＝5,000万円まで非課税になります。この制度を利用すれば、特定の子に生前に財産を贈与することも可能です。これは被相続人が行える安全・確実な財産分割の方法なのです。

相続時精算課税制度のデメリット

　相続時精算課税制度にもデメリットがあります。

　まず、通常の相続税の申告にあたっては、死亡時の相続税評価額が適用されます。

　しかし、相続時精算課税制度を使った場合には、その財産の相続税評価額は贈与時点の相続税評価額となるため、近年のようなデフレ傾向のときには、現預金など常に相続税評価額が変わらない財産は別として、土地・建物などの不動産は相続税評価額が高くなる傾向があります。

　しかし、インフレ傾向になると、相続時精算課税制度は逆にメリットとなります。

軽減措置が適用できないと、相続税評価額が高くなる

　次に、通常の相続税申告の場合に使える「小規模宅地等の評価減の特例」など相続税の軽減措置が適用できなくなります。

　「小規模宅地等の評価減の特例」を適用すると最大80％の評価減となりますから、この軽減措置が適用できないとなると、相続税評価額が高くなり、それだけ相続税負担が多額になることになります。

土地などの贈与

　また、土地などの贈与に関しては、贈与のための手続費用や税金の負担もよく考慮する必要があります。

　現金の贈与であれば、贈与税の申告・納付以外に費用の負担はありません。

　土地の贈与税の評価額は、時価でなく税務署が定めた相続税評価額となります。通常は、税理士に依頼して評価額を算定してもらうことになりますから、税理士に支払う報酬も必要になります。

　さらに、土地を贈与すると、土地の名義を変更しなければなりません。土地の名義を変更するためには、登記の費用（登録免許税・司法書士の報酬など）の費用が発生します。

　また、贈与を受けた人には贈与税のほかに、不動産取得税という税金が課されます。

相続時精算課税制度を利用すると、2,500万円までは非課税

　相続時精算課税制度を利用すると、2,500万円までは非課税ですし、2,500万円を超えた部分の金額にも一律20％の贈与税がかかるだけですから、1回の贈与で土地全体を名義変更できる場合もあります。この場合は、土地の登記費用も1回で済みます。

　しかしながら、暦年贈与で土地を贈与するとなると、贈与税の負担を考えると、多くの場合は土地の一部分を贈与することになります。

　その場合は、一般的に「持分200分の1」というように全体に対する割合で贈与することになります。

土地の贈与には、贈与税以外に、税金や登記費用がかかることも考慮する

　そのため、土地の名義変更の都度、司法書士の報酬が発生します。

　このように、土地の贈与には、贈与税以外に、税金や登記費用がかかることも考慮することが必要です。

　土地の相続税評価額は一般的に時価の8割程度といわれていますが、それだから土地を贈与するほうがいいとは、単純にいえるものではないのです。

(4)　生命保険の活用

　生前贈与が相続税対策として有効であることはこれまで述べたとおりですが、生命保険も生前対策として大いに利用価値があります。

生命保険金は受取人固有の財産

　生命保険の場合、死亡保険金の受取人を指定すると、原則として、死亡保険金は受取人固有の財産となり、遺産分割の対象となりません。

　生前贈与の目的は、現金などの財産を贈与することによって、財産を残したい人に生前に財産を移していくことでした。

　生命保険では現金を贈与する代わりに、生命保険料を支払い、財産を残したい人を死亡保険金の受取人に指定して、一括して財産を移転することになります。

もちろん、生命保険ですから支払った生命保険料よりもはるかに多額の死亡保険金がもらえることもあります。生命保険の活用には、大別して2つの方法があります。

死亡保険金を相続させる

父親Aが生命保険契約者かつ被保険者（生命保険の対象となっている人）となり、死亡保険金受取人を長男Bとします。

この場合、Aが生命保険料を支払い（その分Aの財産は減少します）、Aの死亡時にBが死亡保険金を受け取ります。Bの受け取る死亡保険金は「みなし相続財産」として、相続税の課税対象になります。

生命保険料を贈与する

先ほどとは異なり、長男Bが生命保険契約者かつ死亡保険金受取人となります。この場合、生命保険契約者Bが生命保険料を支払うことになります。

このとき、父親Aが長男Bに現金を生前贈与し、Bは贈与された現金で生命保険料を支払います。先ほどと同じく、死亡保険金は受取人固有の財産ですから、Bが受け取る死亡保険金は遺産分割の対象とはなりません。

先ほどと異なるのは、生命保険契約者はBですからBが受け取る死亡保険金はBの一時所得となりBに所得税が課税されることになります。

いずれの方法を利用するのがトクか

長男Bに死亡保険金として父親Aから財産の移転があったことは何ら変わりません。異なるのは一方は相続税がかかり、他方は所得税がかかるという点です。相続税を支払ったほうがトクか、所得税を支払ったほうがトクかは、実際それぞれの税金の額を試算してみないと正確なことはわかりません。

しかしながら、相続税のほうが基礎控除額（現行では5,000万円＋法定相続人×1,000万円）が多額であることなどを考慮すれば、一般的に相続税がかかる「死亡保険金を相続させる」方法の選択が有利だといえます。

ただし、相続税が多額になる場合には、むしろ「生命保険料を贈与する」方法を選択したほうが税制上は有利となる場合もあります。

第3章　死後について考える

　　1　葬儀
　　2　法要
　　3　仏壇・仏具
　　4　お墓

1　葬儀

(1)　葬儀の意味と役割

人が亡くなるときに行われる葬送儀礼

　人は生を受けてから、誰一人として例外なく必ず最期に経験するのが「死」です。理論的にも現実的にも誰もが理解していることですが、自ら体験することなくして、臨死体験として訪れるものです。

　ですから、自分以外の死を経験することで、自らの死を見つめるということになってくるわけです。

　人が亡くなるときに行われる「慣習や儀式全体」をさすのが葬送儀礼いわゆる「葬儀」です。この「葬儀」について、考えていくことにします。

葬儀が果たす役割

　まず、葬儀が果たす役割には、図表97の6つの役割があります。

【図表97　葬儀が果たす役割】

項　目	役　　割
①　社会的役割	人は社会に生きている存在ですので、社会にその人の死を通知し、死を確認し、戸籍から抹消するという手続をします。
②　物理的役割	死者の遺体は時間の経過により腐敗します。死者の尊厳を守るため火葬（土葬）を行います。
③　文化・宗教的役割	死者の霊を慰め、あの世での幸せを祈ると同時に、死者と遺された者との間に新たな関係をつくります。宗教的な儀礼によって行われることがあります。
④　心理的役割	人の死は、周囲の人々に悲しみや心の痛みをもたらします。悲しみにある人々の心に寄り添い慰める必要があります。
⑤　社会心理的役割	人の死によって様々な感情の中で、歴史的に人の死が「祟り」を引き起こすのではないかと恐れられたりもしました。死者の霊を鎮魂する儀礼が必要とされました。

⑥ 教育的役割	人の死に関わることで、死の事実から「生」の大切さを再確認させられます。葬儀の経験をすることで、命の尊さを学ぶことになります。	

(2) 一般的な臨終から葬儀の流れ

人の臨終から葬儀までの流れ

　葬儀について知ることはもちろん重要ですが、人の臨終から葬儀までの流れを知っておくことも重要です（図表98）。

【図表98　一般的な臨終から葬儀までの流れ】

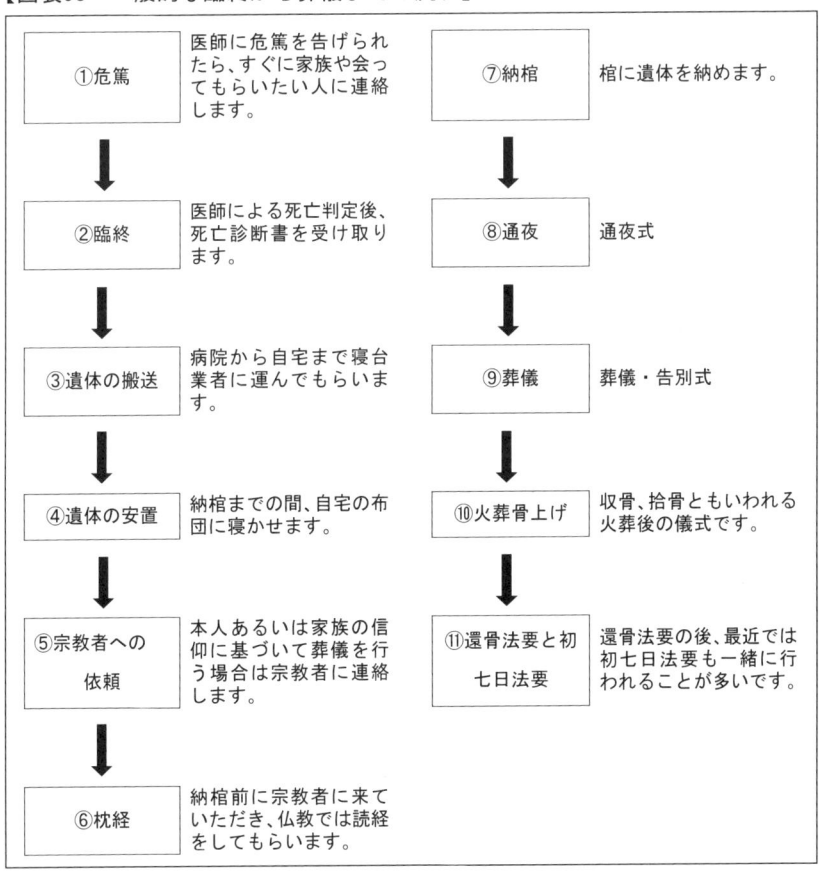

①危篤	医師に危篤を告げられたら、すぐに家族や会ってもらいたい人に連絡します。		⑦納棺	棺に遺体を納めます。
②臨終	医師による死亡判定後、死亡診断書を受け取ります。		⑧通夜	通夜式
③遺体の搬送	病院から自宅まで寝台業者に運んでもらいます。		⑨葬儀	葬儀・告別式
④遺体の安置	納棺までの間、自宅の布団に寝かせます。		⑩火葬骨上げ	収骨、拾骨ともいわれる火葬後の儀式です。
⑤宗教者への依頼	本人あるいは家族の信仰に基づいて葬儀を行う場合は宗教者に連絡します。		⑪還骨法要と初七日法要	還骨法要の後、最近では初七日法要も一緒に行われることが多いです。
⑥枕経	納棺前に宗教者に来ていただき、仏教では読経をしてもらいます。			

1　葬儀　149

①危篤

　医師に危篤を告げられたら、すぐに家族に知らせます。会ってもらいたい人には、できれば本人の意識があるうちに出向いていただき、最期は家族だけで見守ることがいいでしょう。

●連絡方法のポイント

　次のことを正確、簡潔に伝えます。

　深夜の場合などは、おわびの言葉も必要でしょう。

・自分の名前を伝える
・病人の危篤を伝える
・場所を伝える（病院名や部屋番号）
・こちらの連絡先を伝える

●連絡のしかたの例

　「こんな時刻に申しわけありません。○○○○です。父（母）が、危篤になりました。お見舞いいただいた○○病院です。一目会っていただきたく、ご連絡申し上げました。」

（先方が、駆けつける旨の返事をしたら）

　「ありがとうございます。○号室です。病院の場所はご存知でしょうか。」

②臨終

　医師による死亡判定の後、死亡診断書を受け取ります。

　それまでの間に、末期の水、死後の処置がされます。

　末期の水は「死水」ともいわれ、湯のみに入った水を綿棒などに含ませ、故人の唇を軽く濡らします。

　末期の水は、お釈迦様が入滅前に喉の渇きを訴え、弟子が浄水を捧げたことがいわれとされています。

　家族の別れが終わると病院側が死後の処置を行います。

●臨終に際しての注意点

　病院で浴衣などを着せていただけますが、硬直する前に本人の好んだ服や着物を着せていただくためにも、予め、お着せする服を用意しておくといいでしょう。

自宅で亡くなられた場合、かかりつけの医師を呼んでください。
　突然の死亡など、かかりつけの医師がいない場合はすぐに警察に連絡します。

③遺体の搬送

　病院の霊安室に安置され、寝台業社の迎えを待ちますが、最近では病院の安置室を使用せず、病室に迎えに来てもらうこともあります。
　寝台業社は、病院などが寝台業社の名簿から選んだり、また、事前に葬儀社が決まっている場合には、病院から葬儀社を通じて寝台業者に連絡します。
　何も知識がない時代がありましたので、病院指定、病院との関わりの深いところが、寝台業社として搬送することが多かった時代もありました。寝台業社＝葬儀業社ということもあり、何もわからないままに葬儀をお願いするということが、不透明な病院とのやり取りをあげられる原因にもなったと思います。
　葬儀が流れ作業のようにならないためにも、葬儀社の選定には時間をかけることが必要です。やむを得ず、寝台業社が病院指定である場合は、寝台車のみと伝えましょう。
　また、搬送前には、死亡診断書を医師から受け取ることを忘れないようにします。

④遺体の安置

　納棺までの間、自宅の布団などに寝かせます。ガーゼや白い布で、顔を隠します。また、魔除けとして守り刀を置きます。
　仏式では、北枕ですが、部屋の形で無理な場合は、西に頭を向けます。
　これは頭北面西といって釈迦が入滅する際に、頭を北に顔を西向きであったことから来ています。
　守り刀は刃物であれば、ハサミなどでも構いません。
　枕元には枕飾りを用意します。白い布をかけた小机に、三具足（香炉、燭台、花立）を置きます。
　それ以外には、地域によりますが枕飯や枕団子を供えることもあります。

枕飯はいろんな説がありますが、昔、白米は高級な食べ物であったことから、食べ物の魅力で魂を呼び戻すという招魂儀式でもあったという説もありますので、故人の好きな酒、果物、お菓子などを、たくさん用意してもよいと思います。

⑤宗教者への依頼
　本人あるいは家族の信仰に基づいて葬儀を執行していただく場合には、宗教者に一報を入れます。
　まずは電話を「○○町の○○です。実は、父（母）の○○が、本日、午後○時に亡くなりました。自宅へ連れて参りましたので枕経をお願いしたいと思います。」（寺院から枕経を行う日時をいわれます）「よろしくお願いします。」

●依頼にあたっての注意点
　寺院の費用がわからない場合「恐れ入りますが、お布施の準備の都合もございますので、いかほど、ご用意したらよろしいでしょうか。お聞かせ願えればと存じます。」と伝えます。

⑥枕経
　納棺前に宗教者に来ていただきます。仏教では読経をしていただきますが、これを枕経といいます。
　本来、亡くなった人が不安にならぬよう、案内として枕元で死をみとりながら経をあげることでした。
　現在では死後すぐに行われる儀式の１つで、死者に初めて経を聞かせるという意味があります。
　最近では、通夜の前日、通夜の日の午前、通夜式の前の儀式としてなど、様々です。宗派によっては行われない場合もあります。

●枕経に際してのポイント
　普段着のままでかまいませんので、家族みんなでつとめましょう。
　僧侶への挨拶として「お忙しい中、早速ご足労いただきまして誠にありがとうございます。父（母）も、さぞ安心することと思います。私共は何分、

不慣れですので、いろいろご指導いただきますようお願い致します。」と伝えるといいでしょう。

⑦納棺

通夜式の前に行われます。季節、遺体の状況で、搬送後すぐに行われる場合もあります。

納棺の前に、死装束で経帷子を着せ、手甲、脚絆、白足袋を付け、わらじを履かせます。

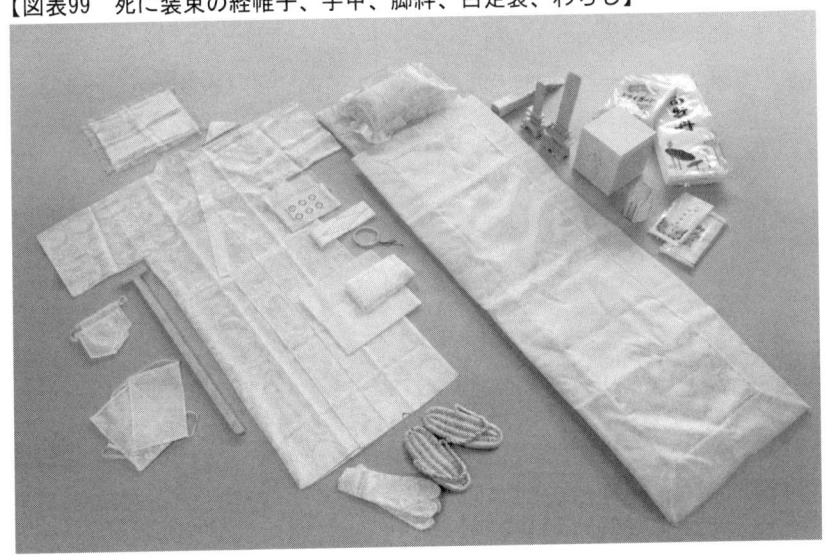

【図表99　死に装束の経帷子、手甲、脚絆、白足袋、わらじ】

最近では故人の愛用していた服を着せ、上から経帷子を羽織らせることも多くなりました。

その後、棺に収め、故人の好きな食べ物・愛用していたものなどを一緒に棺に収めます。

貴金属など火葬できないものは避けましょう。

納棺は葬儀業者が主になって行いますが、遺族も化粧などに参加し故人にできることをしてあげましょう。

以前は、湯灌も納棺前に行われていましたが、病院で亡くなる割合が多く

なり、病院での清拭が湯灌の代わりとなり、「逆さ水（普通とは逆に水に熱いお湯を入れてさますこと）」のお湯を用意するということはなくなってきました。

　最近では、故人を最期にお風呂に入れてあげたいなどの要望に応えるため、お風呂を部屋に設置し、体を流すなどの湯灌業社も存在します。

　また、エンバーミングという欧米では当たり前のように行われる、遺体消毒、保存、修復など、長期保存を可能にする手法も、日本に取り入れられつつあります。

⑧通夜

　もともと、通夜は身内だけで行うものでしたので喪服を着用することはなく普段着のままでした。近年は通夜が告別式化し弔問客が多くなったため、これに合わすように喪服を着るようになりました。

【図表100　一般の祭壇】

　弔問客が帰った後は、遺族は線香と灯明を絶やさないようにします。

　通夜返礼品は通夜振る舞いに出ることができない人のみに、会葬御礼とは違う商品（お茶、砂糖など）を渡していましたが、最近では通夜も告別式も

同じ商品を渡すことが多くなりました。

　返礼品は、通夜返礼品、会葬返礼品、香典返し、即日返礼品とありますが、地域により形は異なりますので、葬儀社に確認するといいでしょう。

　家族葬の場合は、特に形にはこだわらなくていいでしょう。何も用意しない場合もあります。

　通夜振る舞いは通夜終了後に故人への供養とともに、弔問へのお礼のしるしとして設けられます。地域により異なります。主として関東地域では親族だけでなく一般会葬者にも料理を振る舞いますが、関西地域では親族のみが多く、一般の会葬者に振る舞うことはあまりありません。家族葬では用意しない場合もあります。

●通夜でのポイント

　通夜式は時間に限りがなく、時間を気にすることはありませんので、通夜式後の挨拶は長く思いを伝える時間ともいえます。

●弔問客に対しての言葉

　弔問客に対しての言葉として、「さっそくのお悔やみありがとうございます。お忙しいところお越しいただき、恐縮でございます。故人に代わりまして厚く御礼申し上げます。」などと伝えるといいでしょう。

●僧侶へのお礼の言葉

　また、僧侶へのお礼の言葉として「お勤めありがとうございました。明日の葬儀もお世話になりますが、どうぞよろしくご指導くださいますようお願い申し上げます。」と丁重に伝えましょう。

⑨葬儀

　葬儀の形式は、仏式・神式・キリスト式など様々ですが、仏式においては、葬儀と告別式はもともと別のものでした。

　葬儀は故人をあの世に渡らせる宗教的儀式、告別式は会葬者がお別れをする社会的儀式でした。

　近年では両方を約1時間で「葬儀・告別式」として同時に行われることが一般的になっています。葬儀と告別式を厳密に区別しないことが普通になったともいえます。

【図表99　葬儀の流れ（12：00-13：00の場合）】

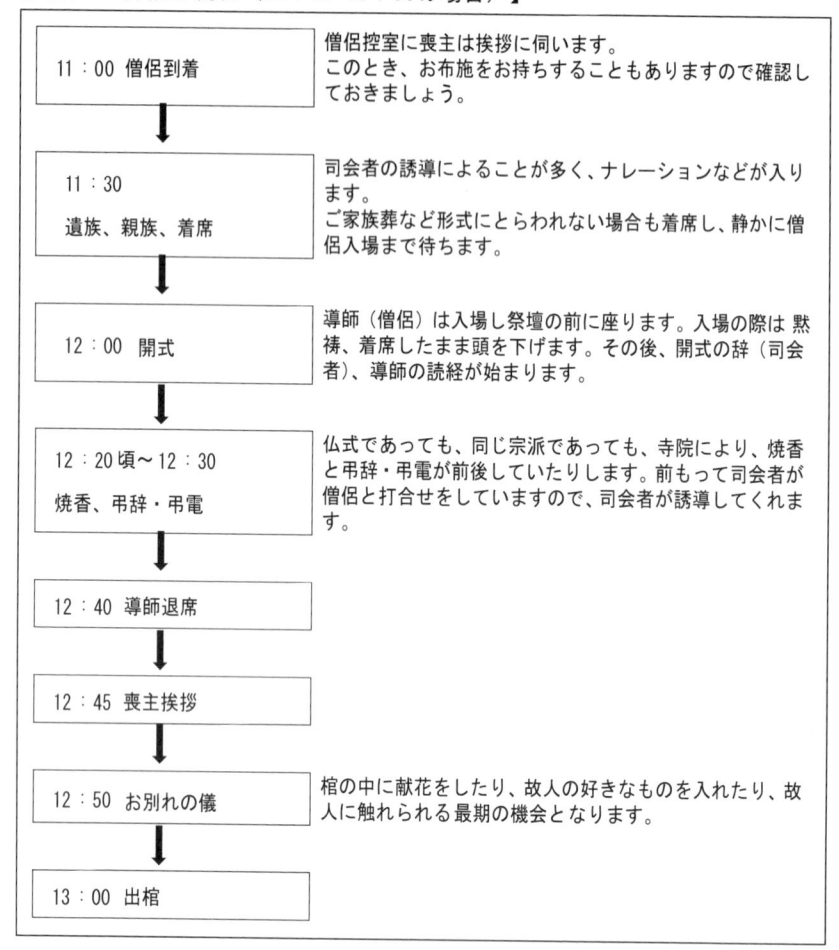

11：00	僧侶到着	僧侶控室に喪主は挨拶に伺います。このとき、お布施をお持ちすることもありますので確認しておきましょう。
11：30	遺族、親族、着席	司会者の誘導によることが多く、ナレーションなどが入ります。ご家族葬など形式にとらわれない場合も着席し、静かに僧侶入場まで待ちます。
12：00	開式	導師（僧侶）は入場し祭壇の前に座ります。入場の際は黙祷、着席したまま頭を下げます。その後、開式の辞（司会者）、導師の読経が始まります。
12：20頃〜12：30	焼香、弔辞・弔電	仏式であっても、同じ宗派であっても、寺院により、焼香と弔辞・弔電が前後していたりします。前もって司会者が僧侶と打合せをしていますので、司会者が誘導してくれます。
12：40	導師退席	
12：45	喪主挨拶	
12：50	お別れの儀	棺の中に献花をしたり、故人の好きなものを入れたり、故人に触れられる最期の機会となります。
13：00	出棺	

●喪主の挨拶の例

「一言、ご挨拶申し上げます。皆様方のおかげをもちまして、葬儀並びに告別式もとどこおりなく終えることができ、これより出棺の運びとなりました。

本日はご多用の中、故人のためにご参列いただき誠にありがとうございます。

故○○○享年○○歳を一期（いちご）として永遠（とわ）の旅路につくことになりました。

生前中は皆様方に何かとお世話になりましたこと、この場をお借りいたしまして、厚く御礼申し上げます。
　どうぞ今後とも、故人亡き後も、当家遺族・親族には、変わらぬお付き合いのほど、よろしくお願い申し上げます。本日は誠にありがとうございました。」
●挨拶のポイント
　会葬のお礼・厚誼（こうぎ）のお礼・支援のお願い、などを織り込み、参列者に気持ちが通じる挨拶を心がけましょう。

　以上が葬儀全般の流れですが、地域・宗派によって葬儀の流れも異なります。

⑩火葬骨上げ
　骨上げは、収骨、拾骨ともいわれ火葬後の儀式です。
　出棺後に火葬場へと向かい、火葬場到着後、火葬炉に柩を収めます。そのときに、焼香、合掌、黙祷など行うことがあります。
　火葬時間は火葬場によって異なりますが、約1時間〜2時間かかります。
　火葬の間は火葬場の控室などで待機したり、食事をしたり、時には先に初七日法要を行う寺院もあります。
　火葬が終わると収骨室で骨上げを行います。2人1組で行うことが多く、これを橋渡しといいます。骨上げの方法も地域によって異なります。
●火葬骨上げに際しての注意点
　火葬場に提出した火葬許可証は、火葬後に認印を得て火葬証明書になり返却されます。
　これは遺骨を墓地や納骨堂に納めるときに必要になりますので、骨壺と一緒に骨箱に収めるなど、大切に保管しておきます。

⑪還骨法要と初七日法要
　お骨上げが終わると、還骨法要が行われます。最近では、その後に初七日まで行われることが多く、葬儀の締めの儀式になってきています。詳しくは、法要のところで述べていきます。

初七日法要を終えると会食になります。「精進落とし」「精進上げ」「仕上げ」などといわれます。

(3) 葬儀の打合せのポイント

葬儀社との葬儀の打合せが重要

臨終から葬儀までの流れの中では、葬儀社との葬儀の打合せが重要です。葬儀社との打合せでは、祭壇や棺を決めること以外に、まずは遺影写真にする写真を選ばなくてはなりません。

喜寿、米寿のお祝いとして、自治会などで遺影写真をつくることもあるようですが、ほとんどの人が遺影写真を事前に用意されていることは少ないのではないでしょうか。

遺影写真の用意

また、遺影写真を用意していたとしても、10年前、20年前に作成しているものは劣化しています。祭壇に合わないようなこともあるので、作成しておいておく必要はありません。

しかし、いざというときに選ぶ時間などを考えると、祭壇に飾りたいと思う写真を前もって選んでおくということは重要かもしれません。

遺影写真は、葬儀社に加工作成してもらうことが一般的です。普段の写真、例えば免許証の顔の大きさぐらいに写っている写真であれば綺麗に仕上がります。比較的、写真は晩年のものを選ぶ傾向にあると思いますが、その人の最高であった時期を選ぶことも1つの選択です。

葬儀は人生のライフステージの最期の儀式です。いざというときのために若いころの格好いい写真を選んでおいておく人もいるようです。

その他の打合せ事項

その他の打合せ事項は、次のことなどを決めていきます。

(a) 葬儀日程、場所、また、訃報をどこまで知らせるか、
(b) 通夜返礼品、会葬返礼品、即日返礼品はどうするか、

(c) 食事はどのようなものを提供するか、

葬儀社との打合せ

葬儀社との打合せは、まず、最初に葬儀の規模・形式を決めることから始まります。それによって、葬儀費用は変わってくるからです。それから細部の各項目を決めていく、という流れになります。

葬儀社との打合せは、故人の遺族がするケースが今でも多いかと思います。しかしながら、自分にとって最高のラストステージを終えるために、自分で生前に葬儀予約をしたり、さらには自分で葬儀内容を打ち合わせする人も増加傾向にあります。

前章でも述べたように、最近は、エンディングノートといわれるものが書籍として発行されております。このようなところも、人生のラストステージの重要さ、価値観が変わってきているように思います。

(4) 生前に葬儀社を決めておく

できるだけご自身で葬儀社を生前に決めておく

葬儀を行うことは一生に何回もあることではないので、葬儀に詳しい人は稀ですし、また、葬儀に詳しい人であったとしても、葬儀形式も年々変化していきます。

もちろん、葬儀社によって、価格、サービスも異なります。

人生最期の大切な儀式を行うためにも、できるだけ、ご自身で葬儀社を生前に決めておかれることがよいのではないでしょうか。

どんな葬儀をしたいのかを決める

葬儀社を決める前に、重要なことがあります。それは自分がどんな葬儀を望むのかということです。

大きな規模の葬儀をしたいのか。それとも、家族だけの小規模の葬儀をしたいのか。個性的な葬儀がしたいのか。具体的なところまで決めている人は少ないかと思いますが、ある程度は決めておくべきです。選ぶ葬儀社によっ

ては、自分の望む葬儀ができない場合もあります。

　例えば、評判も良く、良心的で、気に入って選んだ葬儀社が、会館の収容人数に限りがあり、希望する規模の葬儀ができないということもあります。

　逆に、生前に何も決めずに、故人の遺族が葬儀社を選んだ場合には、あれよあれよという間にバタバタと葬儀が始まり、いつの間にか終わっていたということもあります。

　その場合は、運よく行けば、結果的に望んだ葬儀の形になっているのかもしれませんが、生前に何も決めずに「お任せ」では、自分が望んでいた葬儀の形とは随分違ったものとなってしまいかねません。

葬儀社を選ぶまでに、最低限決めておいたほうがよい事項

　葬儀社を選ぶまでに、最低限決めておいたほうがよい事項があります。それは自分の葬儀の規模です。

　どのくらいの弔問客になるかは、正確な人数までは把握できないでしょうが、親族の人数や、故人の友人・知人の人数、町内会、会社関係などからある程度推測しなければなりません。

　近親者だけの家族葬にするのかも選択肢として考えられますが、葬儀社に出向く前に、概略人数でも頭においておいたほうがいいと思います。

　次に、葬儀の形式です。宗教葬（自分の宗教の宗派）で行うか、無宗教葬で行うかなどです。そして、葬儀の内容です。葬儀の内容は予算との兼ね合いもあります。

　これは、葬儀社との相談次第で変えていかなければならない面もありますが、どうしても譲れない部分やこだわりたい内容のものがあれば決めておいたほうがいいでしょう。

メモを見ながら、相談すれば落ち着いて話が進む

　これらの内容を、メモ書きでもして、そのメモを持って葬儀社に出向けばスムーズに打ち合わせが進むでしょう。メモしておかなければ、うっかり言い忘れたりすることがあります。そのメモを見ながら、相談すれば落ち着いて話が進むでしょう。

口コミを利用する

　口コミや知人の紹介は、昔から有効な葬儀社選びの方法です。それは、何も葬儀社に限ったことではありません。消費者の立場に立てば、口コミや知人の紹介は、葬儀社選びの有効な手段です。

　葬儀社側にとっても、確実な顧客獲得につながるものと考えています。

自分（回答者）の家族や親族の紹介が最も多い

　消費者へのアンケート調査（「葬祭業者のサービス実施に関するアンケート調査」経済産業省2011年調査）の中での「葬祭業者の選定方法」の質問に対する答えでは、「自分（回答者）の家族や親族の紹介」の割合が最も多く、28.5％、次いで、「故人が生前に決めている業者」が24.2％となっています。

　また、「友人・知人からの紹介」は10.7％、「自治会・町内会など近所の人からの紹介」は8.3％で、これらに「家族・親戚からの紹介」を合わせると47.5％にもなります。口コミや知人の紹介で葬儀社を決める割合は、5割近くあるということになります。

【図表102　葬儀社の選定方法】

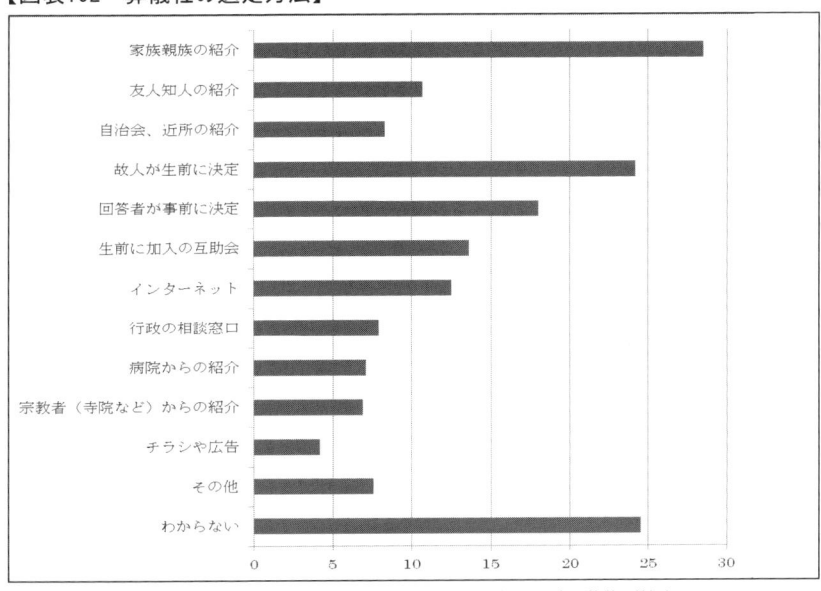

(出所：経済産業省「葬祭業者のサービス実施に関するアンケート調査」2011年（複数回答））

葬儀に参列しても、葬儀の価格やそれに対するサービスのすべてを知ることはできません。葬儀を執り行った人が身近におれば、価格・サービス、特にスタッフの対応の良否を、聞くことも参考になるでしょう。

⑸　ホームページを見てみよう

ホームページで葬儀社の情報を手に入れることができる

　今では葬儀社に限らず、あらゆる業種でインターネットのホームページを利用した広告宣伝を行っています。

　利用者にとっては、葬儀社に実際出向くことなく、葬儀社の情報を手に入れることができますので、非常に便利です。

　また、パンフレットの請求や見積りもできるところもあります。ホームページで申込みも可能になっている葬儀社もありますが、ホームページはあくまでも事前の検索手段として利用し、最終的には、やはり実際に葬儀社に行かれてご自分の目で確認して決めるべきです。

　いくら見栄えの良いホームページであっても、それはホームページがよくできているということであって、葬儀社が提供する葬儀の価格・内容・サービスがいいということとは必ずしも直結しません。また、評判の良い葬儀社でも、ＩＴ化が遅れている業者も多くあり、パンフレットをそのままホームページに載せただけという葬儀社もあります。

　葬儀社をホームページで見極めるのは至難の業といえますが、それでもいくつかホームページを見る場合に、参考となるポイントがあります。

ホームページは会社概要が掲載されているか

　通常ホームページには、会社概要が載せられていますが、この会社概要もなく代表者の名前すら載せていないという葬儀社もあります。

　会社概要を載せていないからといって、悪い葬儀社とはいい切れませんが、消費者側からすれば不安になる要因です。何かしら載せられない事情でもあるのかと勘繰ってしまうものです。

　やはり、会社概要は、事業を堂々と営んでいる証拠となるものですから載

せるべきものではないでしょうか。

　新興の葬儀社ほど、創業年数を出したくないという意図があるのかもしれませんし、代表者の名前がないのは、税務上の理由かもしれません。

　葬儀社のホームページを見る際には、まず会社概要から見るという消費者も決して少なくないと思われますので、決しておろそかにできない部分といえるでしょう。

ホームページには連絡先や住所が記載されているか
　会社の住所が記載されていなかったり、やたらと営業所はあるがそれぞれの所在地や電話番号がなく、代表受付のフリーダイヤルのみが掲載されているところもあります。

　また、非常によくできたホームページであるにもかかわらず、担当者の携帯番号だけしか載っていないという葬儀社もあります。

　これでは、信用どころか実体さえも疑ってしまいます。

　葬儀社を選ぶのに、まさか会社の登記事項証明書を取ってまで調べる消費者はまずいませんが、そうされても何も後ろめたいことはないくらいの自信を持って営んでいる姿勢が葬儀社には必要でしょう。

ホームページの料金表示に関する注意点
　よく見かける「セットプラン」についてですが、「セットプラン○○万円より」などと、最低価格しか掲載していないような葬儀社は注意が必要です。

　また、プランが、1つ・2つしかないような葬儀社も避けたほうがいいでしょう。プランがいくつか用意されていても、祭壇の写真が載っていなかったり、プランの詳細が明示されていないようなものも消費者を不安にさせます。

　セット料金には、何が含まれていて、何が含まれていないかが、しっかり明示されているかどうかも重要なポイントです。

　祭壇や棺などは、価格が異なる様々なオプションがあります。最低価格そのものだけでなく上位のランクの祭壇や棺も掲載し、オプションについての追加料金なども具体的に表示しているような葬儀社は、価格に対して透明性が高いといえます。

葬儀に関する費用では、消費者にとっては「返礼品」や「料理」も重要な事柄です。

　「返礼品」や「料理」についても、ホームページに掲載してあれば消費者にとっては安心です。葬儀社がどのような「返礼品」を用意できるのか、料理はどのような種類があるのか、費用はどのくらいかかるのかを事前に知ることができるからです。

　しかしながら、「返礼品」や「料理」については、消費者の選択の余地が大きく、すべてをホームページに掲載しきれないため、あえてホームページに掲載していないケースもあります。そのときは、葬儀社に出向いて直接確認されることをお勧めします。

　葬儀社のホームページの見方について述べてきましたが、これだけで葬儀社を選んでしまうのは、あまりにもリスクが高いといわざるを得ません。先ほども述べましたが、消費者にとっては、あくまで、ホームページは葬儀社選びの参考程度にとどめるべきものでしょう。

葬儀社を訪ねてみよう

　最近は会館葬を希望する人が多くなりました。この場合は、下見も兼ねて実際に葬儀会館に出向くことが大切です。

　葬儀会館を外から眺めても、会館内部の様子はわかりません。特に式場の実際の様子は、直に葬儀会館に入って見ないと決して目にすることはできません。車で来られる参列者もおられるわけですから、駐車場の状況なども確認しておくべきでしょう。

　訪問する際には、事前にアポイントを取っていくよりも、突然訪問したほうが葬儀社の自然な対応が見えていいかもしれません。会館や駐車場やマイクロバスの清掃は行き届いているかなど、当然できていないといけないことをおろそかにしている葬儀社は問題です。

　また、その訪問した際のスタッフの対応も、葬儀社選定の重要な要素です。そのときの対応が、実際の葬儀の対応そのものであるといってもいいでしょう。

　結婚式をするなら、式場を見学に行くのは当然です。葬儀も同じです。た

だ事前に葬儀社へ出向くことに消極的になるのも無理はありません。縁起でもない、そう考えてしまう人も多いでしょう。

　また、訪問したら、無理矢理会員にならされてしまうのではないか、しつこく勧誘の電話がかかってくるのではないだろうか。そのような心配をする人も少なくありません。

　確かに、そのような不安にさせるような葬儀社も、かつてはありましたが、現在は、無理な勧誘をするような葬儀社はほとんどありません。

　葬儀社も競争が激しくなり、無理な勧誘はかえって顧客を逃がしてしまうという考え方になっています。誠心誠意、心から尽くす姿勢がなければ、今や業界では生き残ってはいけません。

　訪問したことで、万一、強引な勧誘にあったとすれば、そこでは葬儀をしなければいいだけのことです。そういう葬儀社だとわかっただけでも収穫です。

　無理な勧誘をするような強引な葬儀社は、葬儀費用も割高になっているでしょう。

　「心ない」「良心的でない」「やさしくない」葬儀社が事前に見つかることも、葬儀社を事前に訪問するメリットであるといえるでしょう。

　葬儀社によっては、自社の葬儀会館で見学会を開催しているところもあります。粗品を渡したり、食事を出したり、葬儀とは無縁と思われる楽しいイベントを開催したり、葬儀社も大変です。

　しかし、「見学会」は消費者側にとっては、逆に葬儀会館（葬儀社）をじかに見学できる絶好の機会であるともいえます。

　葬儀社によってそれぞれですが、式場・控室などの見学は共通してあるようです。広さ・新しさ・使い勝手はいいか、清潔に保たれているかなど、しっかりとチェックできます。

　さらに、祭壇や棺など、葬儀に使用するものを展示しているところもあります。様々なランクがありますから、金額などとともにチェックしましょう。

　また、「返礼品」や「料理」などについても、実際に金額・内容を直接確認できる良い機会ですから、合わせて確認されることをお勧めします。

　良心的な葬儀社は、無理な勧誘は決してしません。

特に、家族に内緒で見学に来ている場合には、「くれぐれも家族には連絡しないでください」と、しっかり伝えることです。実際、家族には内緒で相談に行く人も多いようです。

⑹ 事前相談をして見積りを取る

事前相談と見積りを取ろう

　葬儀の見積りを取ることに関しては、まだ抵抗がある人が多いようです。しかし、事前に見積りを取ることのメリットは非常に大きいです。
　見積りを取ることで、もちろん葬儀費用がどのくらい必要かを知ることができます。おおよそ100万円とか200万円ぐらいと、漠然とした金額しか浮かばなかったのが、現実味を帯びてきます。
　パンフレットにある「セットプラン○○万円」だけでは、自分のケースでは、総額いくらになるのか詳細まではわかりません。また、金額だけでなく、葬儀の内容についての把握も事前にできるわけですから、それだけ理解が進みます。
　なお、見積りを取る際には、必ず書面で見積書を出してもらいましょう。

事前相談のメリット

　事前相談のメリットは考える余裕が持てることです。葬儀に直面した切迫した状態では内容を検討したり、交渉したりすることがほとんどできません。事前相談であれば、それが可能です。
　そうすることによって、葬儀費用の軽減につながり、納得のいく自分の思い描く理想の葬儀の形が見えてくることになります。
　事前相談をすることで、葬儀社の良し悪しも見えてきます。見積書の項目が細目に分かれていないような葬儀社は要注意です。見積書が、「葬儀一式○○万円」とされているようなものは、見積書とはいえません。
　追加費用についてもしっかり明示できていない葬儀社、「とにかく、すべてお任せください」などというだけで見積書をつくりたがらないような葬儀社、ホームページやパンフレットと極端に内容・見積金額が違う葬儀社、こ

のような葬儀社は問題ありです。

　また、事前相談の際には、できれば複数で説明を受けたほうがいいでしょう。葬儀費用や葬儀内容について、聞き洩らしや勘違いなどもあるかもしれません。後々のトラブルの原因にもなりかねません。

　できるだけ複数で訪問したほうがいいでしょう。1人で訪問するときでも、必ず費用や内容について、できれば帰宅してから家族などと相談しましょう。説明を受けているときは、冷静に判断できていないこともありますので一度頭を冷やす意味でもそうすることが得策だといえます。

「お任せ」では、葬儀社に真意が伝わらない

　また、事前相談では、慎重に事を運ぶように努めることが重要です。

　「お任せ」では、葬儀社に真意が伝わりません。葬儀社に葬儀内容などについて、きちんと自分の希望を伝えて親身に相談に乗ってもらうことです。説明がわかりにくければ、話を遮ってでも聞くべきです。

　葬儀社にとっては、当たり前の用語であっても、素人にはわからないことが多くありますので、躊躇することなくしっかりと聞くべきときには聞くという姿勢で臨むべきです。

良い葬儀社は、決め付けた提案をせずにきちんと選択肢を示してくれる

　良い葬儀社というのは、決め付けた提案をせずにきちんと選択肢を示してくれます。希望をきちんと聞き入れ、その上で適切な提案をしてくれます。決して契約を急がせたり、無理なプランを押し付けたりはしません。

　反対に、良くない葬儀社というのは、選択肢を示すどころか、相談者の意見も聞くことなく、また、相談者の判断を待たずにどんどん話を進めていこうとします。

　例えば、「このぐらいの人数なら、通常このプランです。このプランは、基本が○○万円となっています。他社では○○万円となっていますが、当社では、格安で提供させてもらっています。この基本プランには、○○が含まれていませんので、通常必要なものとして、これと、これと……」という具合に葬儀費用の提示まで一気に流れてしまいます。

あれこれ理由をつけて契約を急がせようとしたり、やたらと同じプランを強調して勧めたりするのも考えものです。

事前見積りの明細については、各項目ごとに、その項目が何の費用であるかという説明がしっかりとあり、そこには何が含まれていて、何が含まれていないかの説明も詳しく、セットプランについても個々の単価を明示または説明してくれるような葬儀社は、良い葬儀社といえるでしょう。

また、葬儀社にとっても、全部お任せの顧客より、事前見積りを取って検討した顧客のほうが、しっかりやらなければと気合いが入るものです。これも、事前見積りを取ることの隠れた効果といえるでしょう。

やはり、こうして考えると、事前相談には多少なりとも抵抗感はあっても、大きなメリットがあることがわかります。希望の葬儀の形に近づけるためには、事前相談は非常に有効な方法であるといえます。

見積書の一般的な細目

一口に見積書といっても、葬儀社によって様々です。一般的な細目としては、次のようなものが含まれます。

葬儀社によって、どこまでをセットプランに組み込んでいるかは、まちまちですので、しっかり、確認すべきところです。

【図表103　見積書の一般的な細目】

> 祭壇、棺、お花、遺影写真、骨壺、位牌、枕飾り、ドライアイス、案内看板、受付セット、司会者、通夜振る舞い・料理、寝台車、会場費、斎場費、霊柩車、火葬手配・火葬料、送迎、返礼品、会葬礼状など。

いくら、セットプランが安くても、セット内容が十分でない場合は、結局オプション代金がかさみ、高くつくことになります。

(7)　**葬儀の実情と傾向**

低価格化傾向の要因

昔は、人の死を聞きつけると、親戚・近隣の人も、何をおいてでも駆けつ

け、葬儀に関わり助け合いました。

　最近では核家族化が進み、近隣との関係も薄れ、また家族の意向や故人の遺志を尊重する傾向もあり、様々な形式の葬儀が行われるようになりました。

　特に家族葬は増加傾向にあり、家族葬の形式も家族だけで行う葬儀、近親者のみで行う葬儀、親戚と親しい友人のみの葬儀、と様々です。

　家族葬は、一般的な葬儀より費用が抑えられることが大きな利点といえます。

　「あまり費用はかけないで欲しい」という故人の気持ちの反映でもある場合も多いでしょう。

【図表104　家族葬の祭壇】

　しかしながら、家族葬には問題もあります。

　本来、葬儀には故人の死を周囲の人に知らせ、故人とのお別れの機会をつくるという意味合いがあります。　葬儀が終わってから、親戚や故人の友人・知人から「どうして知らせてくれなかったのか」と言われる可能性があります。これが原因で人間関係がこじれることもあります。

　家族葬という形式で葬儀を行うには、このような問題点も踏まえて、考えていく必要があります。

故人が年賀状のやり取りをしている人には知らせるべきか

　まずは、故人が年賀状のやり取りをしている人には知らせるべきかどうかくらいの配慮は必要ではないでしょうか。年賀状はその人の人間的なつながりを知る基本であるといえます。

「火葬のみ」という直葬という形式の葬儀も行われるようになった

　さらに、近頃では「火葬のみ」という直葬という形式の葬儀も行われるようになりました。直葬が行われるようになった理由としては、経済的な理由以外に、次の事項があげられます。
・身寄りがないなど少子高齢化の背景による社会的事情
・宗教離れ
・葬儀費用を無駄と考える価値観
・メディアなどの影響によるもの

　「宗教離れ」「葬儀費用を無駄と考える価値観」などの理由は、宗教関係者、葬儀関係者にも課題があるといわざるを得ません。
　しかしながら、人生の最期が軽視され、納得した形で葬儀が行われているかということを考えると、葬儀業者に葬儀を依頼する側にも葬儀に関する知識が必要といえるのではないでしょうか。
　より良い人生を終えるために、人生のラストステージをどのように過ごし、どのような最期を迎えるかが、今後、ますます重要視されることでしょう。

葬儀社の種類

　葬儀社を大別すると「一般葬儀社」「冠婚葬祭互助会」「ＪＡや生協」と3種に分類されます。最も割合の多いのが「一般葬儀社」です。
　総務省の「事業所・企業統計調査報告」によると、葬儀社の事業所数は、2001年に6,225事業所であったのが、2004年には6,606事業所、2006年には7,031事業所と、年々増加傾向にあります。

冠婚葬祭互助会

　まず、「冠婚葬祭互助会」についてですが、これは、会員が毎月掛け金を

積み立てる形で、それをもとに葬儀を施行するシステムをとっています。戦後の、所得水準の低い時代にできたシステムで、多額の出資を伴う冠婚葬祭に備え、相互扶助を目的に設立されました。

一般の葬儀社と比較すると、比較的資金量が豊富なため、自社会館の設備が整っているというのが特徴です。

中には、豪華な高級ホテルを思わせる設備を持った会館もあります。また、サービス面においても、設立当初とは違い、現在では、一般の葬儀社同様の高いサービスが受けられるようになっているようです。

ただ、近年、葬儀の小規模化の流れから、特に「冠婚葬祭互助会」の保有する大規模会館が足かせになるのではないかと危惧する声もあるのも実情です。

互助会制度における月会費は、葬儀の前受金で、葬儀費用にその積立金を充当するため会員にとってはいざというときの出費を予め支払っておくという意味合いもありメリットは大きいです。

また、互助会側は、顧客を囲い込むことができるため会員獲得のメリットがあります。

しかし、この積立金の多くは、互助会の運営費や設備投資に使われているところから、倒産した場合の積立金の返還に関してはリスクを伴うことになります。

ただし、もし会社が倒産した場合でも、積立金の半分は保全されます。

しかし、全額の保全ではないので、折角の積立金が無駄にならないように、互助会の経営状態を見定める必要があります。実際、互助会の倒産も過去にあります。

2003年に福島県郡山市の互助会が民事再生法を申請しています。互助会の事業者数は約300か所で一般葬儀社の1割程度ですが、施行の件数は、全体の4割に相当しています（いずれの数値も葬祭ビジネス研究所調べ）。

【図表105　売上シェアの割合】

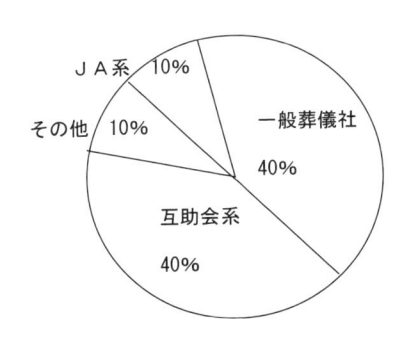

- 一般葬儀社　40%
- 互助会系　40%
- JA系　10%
- その他　10%

ＪＡと生協

次に、「ＪＡと生協」ですが、ＪＡ（農業協同組合）や生協は組合員だけではなく、組合員以外への葬儀も施行しています。

独自にサービスを提供しているところもあれば、専門の葬儀社と提携しているところもあります。

特に、ＪＡは地方で勢力を拡大しており地方の各葬儀専門事業者は、業者間の競争よりもむしろＪＡの参入のほうが脅威と考えているようです。

現在全国で、葬祭事業に取り組むＪＡは全体の３分の１に達し、順調に実績を拡大しています。大半のＪＡは祭壇貸出し（レンタル）や引出物、飲食などの提供を中心に事業展開しています。

会館を所有し独自に葬祭事業を展開しているＪＡもあります。地域密着型の情報網を持っているため、地縁や血縁の結びつきの強い地域で、ＪＡの組織力には強固たるものがあります。

ＪＡの葬祭業市場シェアは１割程度ですが、地方中心にシェアの拡大を図っています。

ＪＡは潜在的に顧客が存在していますから、それをいかに取り込むかにかかっているわけです。したがって、他業者に顧客が流れないように様々な努力がみられます。葬祭事業部を子会社化し、専門職を置いたりしています。

ただ、中には外注に頼って葬儀をこなしているところも少なくありません。しかし、最近では、自社の会館を持つところもあって、サービス面も充実してきています。公的機関というイメージも強いため、地方での支持は根強いともいえます。

一般葬儀社

最後に、「一般葬儀社」ですが、規模は様々で、家族経営の小規模なところから、都道府県をまたいで複数の拠点を持つ大規模な大手の葬儀社もあります。フランチャイズ方式を導入し、全国展開を図っている葬儀社もあります。

ただ、首都圏などは、寺院の葬祭ホールや公的なホールを葬儀に利用することが多く、会館を持たない葬儀社も多数あります。

しかしながら、結婚式と違い葬儀はいつ起こるかわかりません。そのため、会館を持たない小規模な葬儀社では、葬儀が集中すると対応できない状況にもなりかねません。

やはり、葬儀社としては、少なくとも自社で会館を持つ葬儀社が安心できることは間違いないでしょう。

以上、3種の葬儀社についてみてきましたが、記述の内容はあくまでも、総じていえることであり、個々の業者については、それぞれのカラーがあり、サービス面においても様々であるという点を念頭に置く必要があります。

要するに、結局は個々の葬儀社・葬儀会館をしっかり見極める必要があるということです。

(8) 新規参入

葬儀業界への新規参入が増加している

葬儀業界への新規参入が増加しています。例えば、関西大手私鉄の南海電気鉄道や、大手スーパーのイオンなどです。

また、コンビニエンスストア大手のファミリーマートも参入を検討しています。

容易に開業できる反面、閉鎖や事業撤退も同じだけある

そもそも、葬儀社は開業するにあたって必要な許認可などは特にありません。ですから、比較的参入しやすい業種ともいえます。

許認可不要というハードルの低さに加えて、葬儀の依頼さえ受けることができれば、外注できるため、会館はもちろん人材も自社で雇用する必要がないということです。

年間に約500事業所ほどが新規開業しているといわれています。ただ、容易に開業できる反面、閉鎖や事業撤退も同じだけあるともいわれています。

異業種からの参入は、ノウハウの不足や経験不足から顧客からの信頼が得られず、一度は参入を試みるもすぐに撤退というケースも少なくありません。

新規参入企業は顧客獲得で苦戦を強いられているようです。
やはり、実績のある葬儀社を選ぶことが重要です。

価格の明瞭化と品質の高いサービスがセールスポイント

今後も葬儀件数の増加が見込まれる中、葬儀単価は下落傾向にあります。その中で、業績を伸ばしているのは、「価格の明瞭化と品質の高いサービス」をセールスポイントにしている葬儀社です。

葬儀業界も一般のサービス業と同様に、消費者のニーズに対応していく努力を怠らないことが重要となったといえるでしょう。

(9) 費用の明瞭化

多くの葬儀社が見積書を作成し提出

従来は、葬儀の明細書も見積書もない、価格表など存在しないという葬儀社がほとんどでした。また、明細書とは名ばかりで中身はというと、葬儀一式という項目になっていて詳細が不明瞭というものでした。事前に見積書を出す葬儀社のほうが稀な状況でした。大抵の場合、口頭での説明の中で、大まかな金額を提示するというものでした。

しかし、こういった葬儀社の不明瞭な部分を改善するため、10年ほど前から大手葬儀社を中心に徐々に葬儀費用が明瞭化してきました。

現在では、多くの葬儀社が見積書を作成し提出しています。

葬祭業者のサービス実施に関するアンケート調査をみると

経済産業省が平成23年に行った「葬祭業者のサービス実施に関するアンケート調査」の中で、「見積書の提出」について質問しています。

この結果、「必ず文書で提出する」の割合が最も高く86％でした。次いで、「施主などからの要求があれば提出する」が10％となっています。一方、「口頭での約束のみ」の割合は、1％もありませんでした。

また、「顧客に提示する料金体系」についても質問しています。これについては、「基本となるセットコース料金とオプションを複数用意している」

【図表106　見積書の提示】

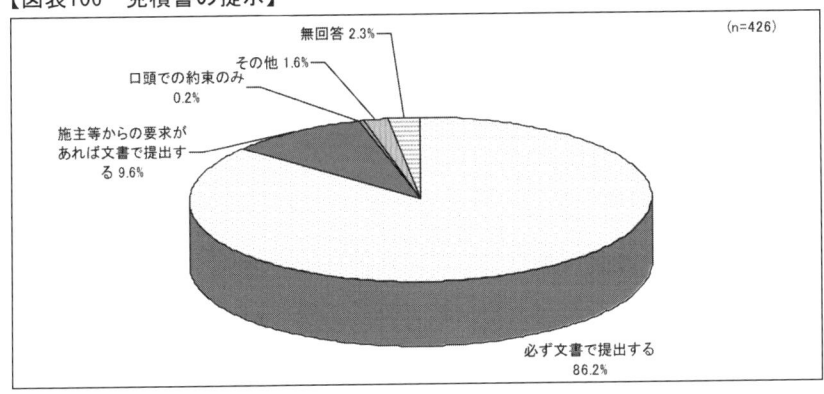

(n=426)
- 必ず文書で提出する 86.2%
- 施主等からの要求があれば文書で提出する 9.6%
- 口頭での約束のみ 0.2%
- その他 1.6%
- 無回答 2.3%

【図表107　料金体系】

(n=426)
- 基本となるセットコース料金と、オプションを複数用意している 45.5%
- 全ての項目について、個別料金を提示し、費用を積み立てて算出している 21.1%
- あらかじめ料金表は決めているが、施行内容を相談した上で、費用を算出している 15.0%
- 総額が定められたセットコースを複数用意している 15.0%
- その他 0.9%
- 無回答 2.3%

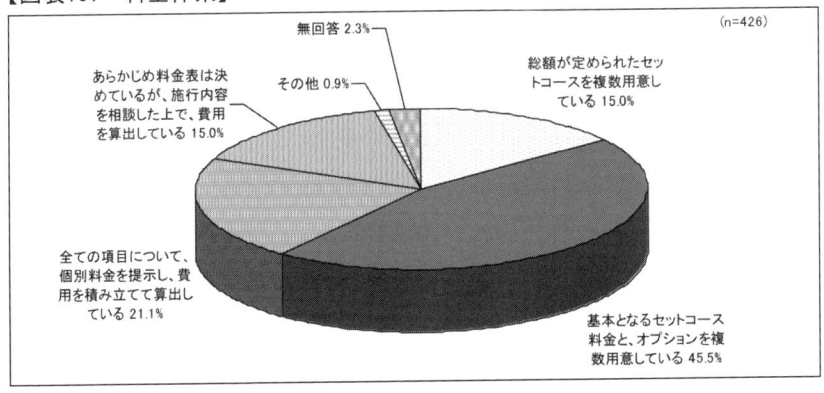

（出所：経済産業省「葬祭業者のサービス実施に関するアンケート調査」（2011年））

の割合が最も高く46％となっています。

次いで、「すべての項目について、個別料金を提示し、費用を積み立てて算出している」が21％となっています。

信頼される情報をいかに消費者に提供するかが、今後の課題

現在は、インターネット上で価格表示をするところも多くなってきています。オンラインサービスで顧客ごとに見積書を作成するところも増えてきました。

しかしながら、インターネット上の情報は、誇大に提供されがちで、その

膨大な情報の中から信頼される情報を消費者は選択しなければなりません。信頼される情報をいかに消費者に提供するかが、今後の課題になってくるでしょう。

　葬儀費用の明瞭化が、葬儀費用の低価格化につながり、確かに消費者にとっては有益で、それがまた消費者ニーズともいえます。

　しかし、消費者が葬儀社の打ち出す価格だけを比較して各葬儀社を比較してしまう危険もはらんでいます。

価格だけにとらわれずに、葬儀社を十分に吟味する必要がある

　価格だけを頼りに葬儀社を選んだことで、満足のいく葬儀ができないこともあります。決して、「安かろう悪かろう」というわけではなく、格安で良心的な葬儀社もありますから、価格だけにとらわれずに、葬儀社を十分に吟味する必要があります。

(10) 消費者の葬儀への満足度

葬儀の内容全体が、消費者の理想に近い形で施行されれば、納得感が高い

　葬儀を終えた遺族は、はたしてどれほどの満足感を得ているのでしょうか。「満足度」、換言すれば、「納得感」です。

　支払う対価に対して、相応の「納得感」が得られることができれば、「満足度」もより高くなります。

　では、消費者の「納得感」はどこから生まれてくるのでしょうか。

　葬儀の内容全体が、消費者の理想に近い形で施行されれば、納得感が高いでしょう。

　また、当日の参列者の数と会館の規模が適切であって、混乱が起きずにスムーズに進行されれば、これも納得感が高いでしょう。当日のスタッフの態度や振る舞いが良ければ、納得感はさらにアップするでしょう。

　消費者は、葬儀にかかった費用と、これらの要素とを天秤にかけて、納得できたかどうか判断しています。

　また、葬儀前の段階での事前説明や、価格の透明性についても、納得感が

あるのかが判断の材料になっているようです。

葬祭業者のサービス実施に関するアンケート調査をみると

　消費者へのアンケート調査（「葬祭業者のサービス実施に関するアンケート調査」経済産業省2011年調査）の中で「葬儀についての納得感」について質問しています。

　「葬儀の内容について」では、「納得している」が47.3％、「やや納得している」は42.1％と、合わせるとほぼ90％が納得感を得ていることになります。

【図表108　「故人」の葬儀についての納得感】

項目	納得している	やや納得している	あまり納得していない	納得していない	葬祭業者は利用していない
a)葬儀の内容について (n=3943)	47.3%	42.1%	8.5%	2.1%	0.0%
b)葬儀の規模（会葬者の範囲等）について (n=3931)	48.1%	42.7%	6.8%	2.4%	0.0%
c)葬儀にかかった費用の金額水準について (n=3928)	33.7%	44.2%	16.3%	5.8%	0.0%
d)葬儀にかかった費用の透明性について (n=3919)	31.4%	41.4%	19.8%	7.4%	0.0%
e)葬祭業者から受けた事前の説明について (n=3923)	30.6%	46.7%	17.4%	4.2%	1.1%
f)葬祭業者の担当者の態度や振る舞いについて (n=3931)	36.1%	48.0%	11.6%	3.2%	1.2%

（出所：「葬祭業者のサービス実施に関するアンケート調査」（経済産業省2011年））

　また、「葬儀の規模」についてもほぼ同様の結果が出ています。「費用の金額水準」では、33.7％が「納得している」、44.2％が「やや納得している」と答えており、合わせるとほぼ80％が納得感を得ていることになります。

　「費用の透明性」や「事前説明」についてもほぼ同様の結果です。これらは、一見納得感が高いように見えますが、「納得していない」「あまり納得していない」と納得感が低い人たちも20％強もいるということです。

　「満足感」を「納得感」に換言しましたが、完全にイコールではありません。調査では、「納得感」と質問していますから、「満足感」を聞いたものではありません。

　「満足感」であれば、また、異なった数値が出たのかもしれません。つまり、

納得はしているけれども、不満は残っている利用者もいるかもしれません。

不満は、葬儀社の知らないところで口コミとなって広まっていく
　いずれの質問とも、「納得している」ではなく、あえて「やや納得している」を回答に選んだ人たちも、不満とまではいかなくとも、納得していない部分が多少なりともあるのでしょう。
　たいていの消費者は、不満を直接葬儀社に持ち込んだりしません。ごく普通の葬儀社であればクレームは稀です。
　この不満は、葬儀社の知らないところで口コミとなって広まっていくことになるわけです。

⑾　変化する葬儀概念

突然の死に対する備えを考える風潮になってきた
　生きている間に葬儀を考えておくことはタブー視されていましたが、最近では、事前相談、見積りなど、そして、インターネットの普及に伴い、情報を手軽に得ることができるようになり、そういった考えも幾分薄らいできました。
　また、予測不可能な地震などの大規模な天災が、日本では阪神淡路大震災、東日本大地震と20年の短い期間に2度も経験することとなりました。
　そのような経験から、突然の死に対する恐怖とともに、突然の死に対する備えを考える風潮になってきたといえるでしょう。

いずれ訪れる人生のラストステージを考える時代になってきた
　また、今まで当然のように、人の最期は、病院で臨終を迎え、親族に送ってもらえるというように考えてきました。しかしながら、これはむしろ、人の最期の理想的な姿であるといえるようになってきました。
　死は誰しも100％経験することです。死を見つめることが、今の生き方を考えることにもつながってきます。いずれ訪れる人生のラストステージを考える時代になってきたといえるでしょう。

葬儀は、そのラストステージの中の最期の締めくくりであるともいえます。その人の集大成を表現する場所でもあります。後悔しないためにも、前もって準備することは、山ほどあります。先にも述べましたが、事前相談が増加傾向にあります。時代は、どんどん変化しています。
　祭壇や棺の種類も自分で選ぶ、遺影写真を選ぶ、会葬者も選ぶ、葬儀の内容を予め故人自ら選ぶ時代が近づいているのではないでしょうか。

今自分ができること、やらなければいけないことをやるべき
　亡くなってからはできないことは遺族に任せて、今自分ができること、やらなければいけないことをやるべきではないでしょうか。
　人の死は突然に訪れることもあります。そのとき、葬儀を行う遺族が、遺影写真をどれにするとか、誰に連絡をするとか、葬儀の内容はどのような形式で行うとか、葬儀の一切を考えるのは、なかなか大変なことです。
　反面、葬儀が終わるまでに、与えられた時間は大抵の場合、あまり多くはありません。これでは、葬儀社の指示のままに葬儀が進められ、気が付けば葬儀が終わっていたということにもなりかねません。葬儀というものが単なる作業になってしまいます。
　現代は、まさに個性尊重の時代です。自分の死後のことであっても、自分で決めるという時代なのかもしれません。
　最近では、エンディングノートなどで、自分の最期のステージを自分でどのようにしてほしいかを表明する方法もあります。葬儀の準備において、まず、どのような形式での葬儀を望むのか（一般的な葬儀なのか、家族葬なのか）、遺影写真はどれにするのか、誰に連絡してほしいのか、また、お墓がなければ、自分の墓をどのようにしてほしいのかを表明することもできます。
　自分の死後のことは自分ではどうすることもできないとしても、自分の遺志を文章に残すことで、もしものときに、残された遺族に、自分の遺志を伝え、その遺志を尊重してもらうことが、自分の納得できる葬儀につながっていくことになるといえるのではないでしょうか。
　それが、自分のためにも、残された遺族のためにも最善の選択であるといえます。

2　法要

法要とは

　法要とは、葬儀後、死者の冥福を祈り、その霊を慰めるために営む追善を目的とする行事をいいます。

　仏を供養するという意味の仏教用語で、追善供養ともいいます。仏教以外にも法要と同等の習慣がありますが、神道では霊祭、キリスト教ではミサ、または追悼会と呼ばれています。

　法要は、故人があの世で良い報いを受けてもらうために、この世に残された者たちが、仏の供養をするという考えと、一方で生きているものが、仏の前で、先祖への感謝や信仰の気持ちを大切にして、生きる覚悟をするという考えとがあります。

(1)　初七日法要から四十九日法要

葬儀後、最初に行う法要が初七日法要

　葬儀後、最初に行う法要が初七日法要です。故人が三途の川のほとりに到着する日とされ、命日も含めて7日目にあたります。

　死者が川の激流か急流か緩流のいずれかを渡るかが決められるとされ、緩流を渡れるように、初七日法要にて願い営みます。亡くなってから、通夜・葬儀とありますので、葬儀後3日目ぐらいが初七日になるのが通例です。

　しかし、葬儀の3日後に再び親族一同が集まる機会を設けるのは非常に難しく、負担も大きいという理由から、最近では葬儀の骨上げ終了後、還骨法要と合わせて初七日法要を行うケースが増えてきました。これを、付け七日、あるいは、繰上げ初七日法要と呼んでいます。

自宅で葬儀を行う場合

　初七日法要は、自宅で葬儀を行う場合は、飾りつけした中陰飾り（火葬場

から自宅に戻った際に遺骨をまつる祭壇のこと)を利用して自宅で行ったり、会館で葬儀を行った場合は、骨上げ後に、会館で行うこともあります。

　祭壇に遺骨、遺影、白木位牌、四ツ茶碗のお供え、花などを飾り、僧侶にお経を上げていただきます。その後、親族や知人に食事を提供するのが一般的です。

　精進落としは、四十九日の忌明けに精進料理から通常の食事に戻すことをいいますが、初七日法要後の食事のことをいうのが一般化されています。

命日から7日ごとに行う法要

　初七日法要後は、二七日（ふたなぬか）、三七日（みなぬか）、四七日（よなぬか）、五七日（いつなぬか）、六七日（むなぬか）、七七日（なななぬか）と命日から7日ごとに行います。

　すべての日に僧侶にお経を読んでいただくことは少なく、二七日から六七日は近親者で行い、七七日に四十九日法要を初七日法要に来ていただいた親戚を招き、僧侶にお経をお願いすることが多くなっています。

四十九日

　四十九日を満中陰といいますが、亡くなってから故人の霊がさまよっているとされる期間を「中陰」「中有」といわれ、極楽浄土へ行くことができるか否かの最終の裁判が四十九日に行われるとされ、生前の罪によって裁かれるため、その手助けとして遺族が法要を行い、お経を届けて極楽浄土へと導きます。

　四十九日で「中陰」が終了しますので、その日を「満中陰」といいます。満中陰志とは関西地方の四十九日法要後に香典返しとして表書きにされている言葉です。

　四十九日は忌明けであるため、神棚封じをしていた紙をはがし、中陰壇を取り払います。遺影は仏壇の外に飾るか仏壇にしまいます。

香典返し「満中陰志」を香典や供物をいただいた人に送る

　その後、香典返し「満中陰志」を香典や供物をいただいた人に送ります。

【図表109　中陰飾り】

　香典返しをしない場合は挨拶状を送ります。香典返しは四十九日後、2、3日後に送りますが、葬儀社、ギフト業社などに依頼してから商品の準備なども考えると、四十九日の2週間前には注文しておくとスムーズです。

　最近では、住所がわからないなど名簿の整理に時間と手間がかかることを避けるため、葬儀の当日に即日返しとして、既に終わらせていることが増えています。

　香典返しは一般的には半返しといい香典の半額ぐらいの品物が望ましいですが、先方が目上の場合には半返しは失礼にもなりますので3分の1程度にするのが通例です。

故人の形見分け

　いわゆる故人の形見分けも、四十九日後に、行うものとされています。後になって、争いや、混乱が起こること避けるために近親者の立ち会いのもとにすることが望ましく、近親者に限らず、故人が生前親しかった友人らにも配分するといいでしょう。

　故人から見て目上の人には形見分けをしないことが一般的ですが、先方の

【図表110　死後100日までの法要】

初七日（しょなぬか）	死後7日目	最近では葬儀当日に行われることが多い
二七日（ふたなぬか）	死後14日目	
三七日（みなぬか）	死後21日目	
四七日（よなぬか）	死後28日目	
五七日（いつなぬか）	死後35日目	地域によってはこの日が忌明けとなる所もある
六七日（むなぬか）	死後42日目	
七七日（なななぬか）四十九日	死後49日目	霊が家から離れるという区切りの日で、忌明けの法要を行う重要な日とされる
百か日（ひゃっかにち）	死後100日目	

希望があれば一向に構いません。この形見については、包装せず、そのまま渡すのが慣例です。

　遺族側に気持ちの整理がついていないときなどは、四十九日後にこだわらず、多少、日にちが遅れても構いません。その旨を挨拶状に記載しておくといいでしょう。

(2)　百か日以降の法要

命日から数えて100日目が百か日

　命日から数えて100日目が百か日です。
　故人が新仏となって初めての法要です。「卒哭忌」（そっこうき）ともいい、遺族が故人を思って泣き叫ぶことをやめるというような意味合いがあり、遺族の気持ちの整理ができる頃だとされています。
　この百か日の法要も、かつては盛大に行われたものですが、最近では、近親者のみで済ませることが多くなっています。

百か日法要以降は一周忌からの年忌法要となる

　この百か日法要以降は一周忌からの年忌法要となります。

命日より1年目に行うのが一周忌で、2年目が三回忌、七回忌、十三回忌、十七回忌、二十三回忌、二十五回忌、二十七回忌、三十三回忌、三十七回忌、五十回忌、百回忌と続きます。

五十回忌、百回忌ともなると、世代交代し、生前の故人を知るものも少ないため、三十三回忌を1つの区切りとする場合も多いようです。

一周忌の次の三回忌を3年目と勘違いする人も多く、命日いわゆる葬儀を一回忌と考えるとわかりやすいでしょう。

祥月命日・月忌

「祥月命日」（しょうつきめいにち）「月忌」（がっき）という言葉がありますが、祥月命日は毎年の命日のことで月忌とは毎月の命日のことです。

地方や寺院によりますが、年忌法要以外に祥月命日、月忌に僧侶に読経していただくこともあるようです。

命日よりも遅れないように気をつける

法要は曜日などの関係もあり、命日からずらすこともありますが、決して遅らせてはいけません。

早めに行うのはいいとされています。

【図表111　年忌法要】

一周忌	死後1年目
三回忌	死亡年を含めて3年目（死後満2年目）
七回忌	死亡年を含めて7年目
十三回忌	死亡年を含めて13年目
十七回忌	死亡年を含めて17年目
二十三回忌	死亡年を含めて23年目
二十七回忌	死亡年を含めて27年目
三十三回忌	死亡年を含めて33年目　弔い上げとすることが多い
五十回忌	死亡年を含めて50年目
百回忌	死亡年を含めて100年目

祖母、祖父など２人の年忌法要を同時に行う場合もあります。これを併修（へいしゅう）といいます。ただし、この場合も、２人のいずれの命日よりも遅れないように気をつけなくてはなりません。

(3)　法要でのその他の注意点

法要は自宅か菩提寺で行うのが一般的
　法要を行う場所は自宅か菩提寺かが一般的です。
　最近では、会館やホテルで行うケースも増えつつあります。僧侶には前もって３か月前には伝えるといいでしょう。
　四十九日法要までは中陰飾りで行いますが、それ以降は仏壇の前で行います。

位牌を仏壇の下段に移す
　特に準備は必要としませんが、仏壇を綺麗に掃除し、位牌を仏壇の下段に移します。
　当日の朝に炊いた仏飯、果物、お菓子などを供えます。
　持参していただいた供物を並べるための白布を敷いた机なども用意するといいでしょう。

案内状
　案内状に関しては、往復はがきで、丁寧にするのでしたら封書で出します。１か月前までには発送し、料理などの予約もありますから、参加の返事を２週間前にはもらいたいものです。
　案内状の文面は、①誰の②何回忌③日時④場所、を記入します。

文例）一周忌の場合
　「謹啓　初夏の候、ますますご隆盛のこととお慶び申し上げます。
　さて、来る九月二十五日は、亡父○○の一周忌にあたります。
　つきましては、左記の通り法要を営みたく存じます。

ご多用中まことに恐縮ではございますが、ぜひともご出席賜りますよう、ご案内申し上げます。
　　　　　　　　　　　　　　　　　　　　　　　　　　　　敬具」

引き出物

　引き出物は、お茶、タオル、風呂敷など実用的なものが多く、最近では、選ぶことができるカタログギフトが増えています。表書きは「粗供養」「志」と書きます。

法要の服装

　法要の服装は三回忌までは喪服が多く、それ以降は地味な平服が多いようです。

法要の進行

　法要の進行などは特に決まりがなく、僧侶の読経、焼香、法話、墓参り、会食、というような順序が多く、焼香に際しても回数など宗派で違いはありますが、葬儀と同様の焼香になります。
　法要の際に墓参りに行きますが、墓地が遠くにある場合は、日を改めて家族だけで行くといいでしょう。お墓のお参りや清掃などを管理人にお願いすることもあるようです。

法要のお布施

　法要のお布施は、一周忌までが3～5万円、三回忌以降は3千～1万円を包むケースが多いようです。
　不祝儀袋は一般的に黄白の結びきりで、表書きは「お布施」と記入します。黄白がなければ白無地封筒でも構いません。
　菩提寺以外で行う場合は、お車代も用意するといいでしょう。金額は5千円くらいです。
　僧侶が会席に出席しない場合は、御膳料として5千～1万円くらいを別に用意します。渡すタイミングとしては、特に決まりはありませんが、施主が僧侶に最初に挨拶するときに渡すことが一般的です。

法要にかかる費用は、会場費、会食費、お布施、引き出物、人数で変動します。

　参考までに、8世帯20名であれば、会場費5万円、会食費1万円×20＝20万円、お布施5万円（車代も含む）、引き出物代5千円×8世帯分＝4万円、総合計34万円となります。

　葬儀後も法要で費用がかかります。予算に応じて、初七日以降の法要は近親者で行うなどのケースも増えつつあり、百か日は省略するケースも出てきており、本来の法要の意味合いもなくなりつつあります。

故人が亡くなってから最初にたどり着くのが三途の川のほとり

　故人が亡くなってから最初にたどり着くのが三途の川のほとりで、「初七日」、そして中陰、七日ごとの裁判により二七日～六七日、閻魔大王の最終裁判が「四十九日」、その後は天国での見習期間とされるといいます。

　正式に天国の住人になる日が「百か日」、死者が個性を失い、祖先とされるのが「三十三回忌」「五十回忌」であり、どんな罪を犯したものでも無罪放免となり極楽浄土にいけるとされる考えもあります。

手を合わせる気持ちを持つことだけでも、心がけたい

　仏教には、中国から伝わり日本でも付加された歴史がありますが、故人が亡くなってからも、たくさんの意味合いがあります。

　仏教により葬儀を行い法要し供養していくには、このような意味合いの学習も必要でしょう。

　最近では墓参りができない、法要にも行けないなどの諸事情により、簡素化されつつある法要ですが、盛大でなくてもいいでしょう。

　百か日以降の年忌法要、それ以外の「祥月命日」「月忌」には手を合わせる気持ちを持つことだけでも、心がけたいものです。

　亡くなった人に対し極楽浄土へと願う気持ちと見守っていただいている感謝の気持ち、そして現在、生きている者が生きていることへの感謝をすることに意味があるということではないでしょうか。

　たとえ法要に参加できなくても、離れた場所であっても、命日には故人が

眠る方向に向かって手を合わせるだけでも心掛けたものです。

(4) 法要での服装

施主、遺族側の服装

遺族は喪服を着て、亡くなった人を悼み、悲しみの気持ちを表します。

施主、遺族側の服装は、三回忌までの法要では、施主（遺族）側は男女ともに正式な喪服を着用します。

それ以降では地味な平服でもかまいません。

ただし、平服といっても派手な色のものは避けましょう。黒やグレー、紺などのスーツやワンピースを着用します。

法要に招かれたときの服装

法要に招かれたときの服装は、参列者の場合は、葬儀のときのような厳格な服装でなくてもかまいません。

ただし、このときも略礼服もしくは、あまり派手にならない程度の平服が望ましいといえます。

女性の人はとくに身だしなみに注意

女性の人はとくに身だしなみに注意しましょう。アクセサリーは最小限に抑えて、化粧も薄くし、香水も強いものは控えます。和装・洋装はどちらでもよろしいですが、和装の場合は色無地に黒帯または黒の一つ紋の羽織を選ぶようにします。

子どもが参列するときは

子どもが参列する場合は、制服があれば制服を着用しましょう。それ以外では黒やグレーなどの地味な色の服を着用します。

女児は派手な色のリボンや靴を着用しないように注意します。フリルなどの装飾品がついた服は避けたほうが無難です。

3　仏壇・仏具

仏壇の歴史

　仏壇の歴史は1300年前、飛鳥時代にまで遡ります。天武天皇が「諸国家毎に仏舎を設け、仏像及び経巻を安置し、以て三宝を供養すべし」と命じたことに始まるといわれています。

　しかし、庶民に普及したのは江戸時代になってから、江戸幕府によるキリシタン禁制と民衆の統制を目的とし、お寺が戸籍を管理する人々は各家ごとに寺に所属しなければならないとする檀家制度が確立されてからです。

(1)　仏壇の種類

3つに大別される仏壇

　仏壇は素材・装飾では、漆塗りに金箔が装飾された「塗り仏壇（金仏壇）」、木目を活かした「唐木仏壇（木地仏壇）」、家具調のデザインや新素材を使用した「新型仏壇」とおおまかに分けられます。

【図表112　仏壇の種類】

塗り仏壇	・浄土真宗の盛んな近畿、北陸地方に多い ・杉・桧・松・欅（けやき）に漆塗りした上に金箔仕上げが施され、荘厳作法による美しい飾りになっているものが多い
唐木仏壇	・関東地方で多く使われている・桑や桜、上質な色合いの黒檀、紫檀などが使用されており、金箔などの装飾はない ・塗り仏壇と比べると手入れがしやすい
新型仏壇	・合板やアルミニウム、プラスチックなどの素材を使用したものもある ・比較的安価な価格で購入できる ・リビングや洋室に調和しやすい

　仏壇の大きさや安置場所では、座って拝む「台付き仏壇」、棚などの上に置く「上置き仏壇」に分けられます。

　昔ながらの仏間のない家でも違和感のない仏壇として、台付き仏壇、上置

【図表113　金仏壇】

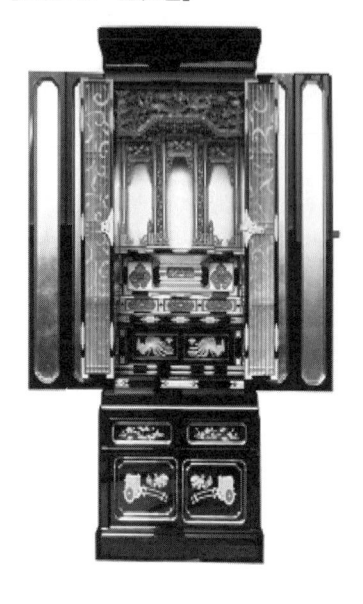

【図表114　唐木仏壇】

【図表115　家具調仏壇台付】

【図表116　ご本尊】

き仏壇のほか、コンパクトなミニ仏壇、壁掛け式、部屋のコーナーに合わせた三角仏壇や家具調仏壇などがあります。

直射日光と湿気を避け風通しのいい場所がいい

　仏間がない家が多くなってきたことから、どこに置いていいのか迷われるケースもあります。仏壇の向きにはいろいろな説があります。
　西方の極楽浄土を拝むように、西を向いて礼拝できるところが良いとする宗派もありますが、仏壇の向きに特別な決まりはありません。
　直射日光と湿気を避け風通しのいい場所がいいでしょう。

(2)　仏壇の購入

置く場所のサイズを測る

　どのようなタイプの仏壇にするかにおいての注意点としては、まずは置く場所のサイズを測ります。
　扉の開けたときの余裕も考慮に入れ、高さ、幅、奥行きを確かめるといいでしょう。
　仏壇には規格サイズというものがあり、高さによって決められています。高さ一寸を一号として、二〇号であれば高さ61センチというように、企画サイズであれば、大量に生産しているため比較的安く購入できますので、サイズが合えばいいでしょう。

価格は素材や装飾によりピンからキリまで

　価格においては、素材や装飾によりピンからキリまでです。
　一般的には、台付き仏壇で30万円〜70万円、上置き仏壇で20万円〜40万円ほどが売れているようです。
　別に仏具が必要です。仏壇の価格の2〜3割が目安です。
　仏壇は、仏具仏壇店で購入しますが、宗派によって仏具が多少変わりますから、予算と宗派をきっちり伝えましょう。
　仏壇は、一生に一度の買い物といっても過言ではありません。

開眼法要

　仏壇の耐久年数は50年ともいわれていますが、買い替えをするときには、ご本尊を安置するため、菩提寺に開眼法要（仏壇開き）をしていただきます。

　開眼法要はお祝いごとになりますので、法事などと一緒に行わず別で行う場合は、平服でかまいません。

　ネクタイをする場合は白ネクタイです。寺院へのお礼の表書きは、紅白の蝶結びの水引、または白封筒に開眼法要御礼と書きます。

仏壇を買う時期

　仏壇を買う時期として、仏壇がない家であれば葬儀後の法要時に合わせることが多いでしょう。

　誰も亡くなっていないのに買うと死者が出る、うるう年には買ってはいけないなどという人もありますがすべて迷信です。

仏壇は先祖を供養する場所

　仏壇は先祖を供養する場所であり、仏壇を通して信仰する場所でもあります。寺院に参拝に行くように仏様に毎日拝みたいということであれば、誰も亡くなっていなくても仏壇を用意してもいいわけです。

　仏壇は生きるための心の拠り所の1つだといえるでしょう。

(3)　仏具

仏壇の中には仏具がある

　仏壇の中には仏具があります。仏具は三具足、位牌、本尊、仏飯器、茶湯器、高坏、霊具膳、香炉、線香差し、花立て、灯明、打敷、などがあります。

　基本は三具足で、三具足とは、線香を立てる香炉、ローソクを置く燭台、花を挿す花立てをいいます。

　香炉は真ん中に置き、向かって右に灯明、左に花立てです。五具足というのは、灯明と花立てをそれぞれ左右に対で置く状態です。

　上段には本尊を祀ります。本尊は宗派によって違いますので、菩提寺、ま

【図表117　三具足】

たは仏具店に確認しておくといいでしょう。

仏飯や盛物は本尊と三具足の間に置く

　仏飯や盛物は本尊と三具足の間に置きます。仏壇が三段飾りであれば、上段が本尊、中段が仏飯、位牌、過去帳、下段が三具足となります。

　経机がある場合は、経机に、鈴（りん）、経本、マッチ消し、線香差しなどを置きます。

(4)　仏壇のまつり方

お供え物の「五供」

　お供え物の「五供」として、香、花、灯明、浄水、飲食（おんじき）があります。

供花

　供花は、仏の世界を高めようとする意味があります。故人が好きだった花、季節の花はもちろんのこと、新鮮で切ったばかりの花を供えます。

　できるだけ長く美しい状態に保てるように、こまめに水を換えたり、手入

れをしたりすることを心がけましょう。

　避けなくてはいけない花としては、棘（とげ）のある花、臭いの強い花、毒のある花などです。本尊に対して失礼になるといわれています。造花もあまりよくないでしょう。

　夏場はすぐに枯れてしまうので、やむを得ず造花を挿す場合は、水を換えることで精進になります。

香

　香は抹香（粉末）、浄香（固形の混じりけのない香）、線香とあります。日常には線香ですが、法要などは抹香を使います。

　香には、人の心身を清める働きがあります。寺院の大香炉で健康を祈願し煙を体に煽るのは、香が薬として用いられた名残りのようです。

　独特の香の香りは、心を静め、仏の世界の荘厳さに心洗われる気分にもなりますので、好きな香りを選ぶといいでしょう。

　線香を立てる場合は、宗派により、本数が決まっていることがあります。また、立てずに寝かす場合もあります。

浄水

　仏前に浄水を供えるのは、水の汚れを洗い清める働きから、礼拝する人が心を洗うという意味があります。

　毎日、水を換えますが、換えた水は洗い物や鉢植えに使うなど、有効に使うことで心（水）を大切に思うことができます。

飲食

　飲食（おんじき）には、仏飯と霊供膳があり、仏飯は家族が毎日食べるものと同じ物を家族の食事の前にお供えします。

　霊供膳は故人の命日や法事のときに、その人の好きだったものなどの料理をお供えします。ニンニク、ニラ、ネギなどの五辛といわれるものは避けます。

　仏前から下げたものは捨てずに家族がいただきます。

灯明

　ローソクの火には、周囲を明るく照らす光は迷いの闇をくまなく照らして真実に向かうようという意味合いや、慈悲の温もりを表す意味合いがあります。ローソクには、洋蝋燭と和蝋燭があります。

　和蝋燭は専門の仏具店でしか取り扱っていないことが多く、洋蝋燭でも十分ですが、和蝋燭は原料が植物油のため、煙が少なく、仏壇や部屋が汚れにくい、汚れも拭き取りやすいなどの利点があります。

　朝夕の礼拝が終わると灯明は消すようにします。当然、火の元には十分気をつけてください。

(5) 位牌

位牌とは

　位牌とは故人の霊を祀るため、戒名や法名を書いて、仏壇に安置するための木の札のことです。白木位牌、本位牌、寺位牌があります。

　白木位牌は葬儀の際に、僧侶に書いていただいた木製の位牌ですが、四十九日法要まで、中陰壇に安置するものです。

【図表118　位牌】

本位牌

　本位牌は、四十九日後につくり替えられる、黒塗りのものや金箔を貼ったものなど、白木位牌と比べて高価なものになります。つくり替えられた後の白木位牌は菩提寺に納めます。
　本位牌へのつくり替えは四十九日が１つの目安ですが、地域や寺院により、初盆後、一周忌、三回忌などの法要時につくり替えることもあります。
それまでは白木位牌を仏壇に安置しておきます。

寺位牌

　寺位牌とは、本位牌のほかに菩提寺や本山に供養の布施と共に納める位牌です。仏壇に置く場所は本尊より低い位置になります。
　仏壇の中心は本尊でありますが、位牌は故人を象徴するものです。
　汚れた場合はきれいに布などで拭くこともいいでしょう。破損やひどい汚れのときはつくりなおすこともできますが、寺院に相談するといいでしょう。

逆修牌と順修牌

　生前に戒名をもらい生きているうちに位牌をつくることがありますが、これを「逆修牌」（ぎゃくしゅうはい）といいます。亡くなった人の位牌は「順修牌」といいます。
　逆修牌は配偶者が亡くなったときにつくることが多く、２人分の戒名をつけてもらい、故人は金字などに対し、生きているものは朱色で埋めておきます。
　死後、子どもに迷惑をかけたくないということから、夫婦揃って生前中に逆修牌をつくることもあります。

三十三回忌の法要を機に先祖代々の位牌に合祀

　位牌が仏壇にたくさん並ぶことがありますが、三十三回忌の法要を機に先祖代々の位牌に合祀されます。
　しかし、たとえ三十三回忌が終わったとしても、両親や配偶者などの位牌は先祖代々に含めず、故人の位牌で祀ることがいいでしょう。

(6) 仏壇の管理、日常の供養

仏壇の手入れ

　仏壇の管理として、「一に掃除、二に勤行」という言葉がありますが、お仏壇も、心に積もる埃を清めるつもりでお掃除します。

　金箔のところは手が触れないように注意し、毛ばたきで軽く払います。漆塗りの部分は水がつかないよう柔らかい布で空吹きします。

　金具のところも塩分や湿気を嫌いますので、直接触らないようにし、磨き剤などで手入れします。1日一定時間するようにしましょう。

　朝、お供えした物は昼間には下げるといいでしょう。仏壇が傷んできたなど修理が必要な場合は、仏具店に依頼することになります。

一般的な日々の供養

　一般的な日々の供養の手順は、図表119のとおりです。

【図表119　朝の日々の供養】

① 家族が朝食を食べる前に仏飯と湯茶を供えます。
② ローソクに火をつけ線香を立てます。
③ 鈴（りん）を鳴らします。
④ 正座して合掌礼拝します。
⑤ 家族の朝食が終わると仏飯と湯茶を片づけ、ローソクの火を消し、扉を閉めます。

　仏壇の前に座ることで、自らの行為を振り返る時間をつくることにつながり、心を洗う場とも考えられます。もっとも大切な「心」の部分を反映してくれる場所ともいえるでしょう。

　また、仏壇は先祖供養という命を祀る場所でもあり、先祖に見守られているという仏教の教えが、今日まで、日本では続いています。日々先祖の霊に手を合わせ、生かせていることへの感謝を忘れないようにしたいものです。

4　お墓

お墓の役割

　お墓には、遺骨の埋葬場所であるという役割のほか、故人を偲んだり、家族の絆としての役割などがあります。

　最近では、永代供養、手元供養、散骨など様々な形態の方法がありますが、亡くなった後のその人が眠っている場所ということになります。故人を敬い、慈しむ場所であるのです。しっかり考えたいものです。

【図表120　墓地】

(1)　墓地の種類

墓地は大別して3つ

　墓地には、公営墓地、民営墓地、寺院墓地に大きく分けられます。

【図表121　墓地の種類】

公営墓地	・都道府県や市町村などの自治体が管理 ・運営・宗旨・宗派は問わない

	・永代使用料や管理費用が割安 ・その自治体の住民で、一定の住居年数の規定がある ・大きさ制限がある ・募集時期が限られていて入手するのが困難な場合が多い
民営墓地	・財団法人、社団法人などが管理 ・運営・公営墓地と比べ費用は割高 ・宗旨・宗派は問わない ・区画によって小さいものから大きなものまであり、予算に応じて選ぶことができる ・募集時期に限りがなく取得しやすい ・休憩室や管理棟、駐車などの設備が整っており、バリアフリー化をされているところが多い
寺院墓地	・宗教法人である寺院が管理 ・運営・宗旨・宗派不問の寺院墓地もあるが、檀家であることが第一条件 ・墓石に制限がある寺院墓地もある ・費用は3つの中で一番割高 ・寺院境内にある安心感や日常的に手厚い僧侶の供養を受けられるところが人気のポイント

(2) 墓地の選び方のポイント

墓地選びは家を選ぶことと同じく大変重要なこと

　墓地選びは墓参りなど供養をしていくことと、いずれ家族が安置されるということで、家を選ぶことと同じく大変重要なことです。

　墓地選びの順番としては、情報を集め、検討し、下見に行き、墓地の規定などを確認、そして手続となります。墓地選びでまず重要なことは、立地でしょう。

　お墓参りは、年に数回、毎年行けるところでなくてはなりません。自宅から近い場所をできるだけ選ぶことが理想的です。車だけでなく電車やバスで行けることも考慮に入れましょう。

墓地を選ぶときの判断材料

　次は、宗旨・宗派により申し込むことができるかということです。

　寺院墓地であれば、宗派不問となっていても、申込時は問わないが、墓地取得後は改宗する必要がある場合もありますので確認が必要でしょう。

　墓地の環境も判断材料として必要です。

墓地の環境として、静けさや落ち着き、日当たり、水はけ、風通しなど、納めた遺骨の保護の上でも大切な要素でしょう。

　また、設備においても、駐車場はあるかないか、広さはどうか、水場が近くにあるか、休憩室やトイレなど、最近では生花、線香など、充実しているところも増えてきています。

　高齢者でも利用しやすい段差が少ないなどバリアフリーも確認が必要です。

　より良い墓地を探すのであれば、管理面として、行き届いているか、管理スタッフが居るか、なども確認するといいでしょう。

　そのような情報をパンフレットだけでなく、目で確認するため下見も行うほうがいいでしょう。

(3)　お墓を建てる

墓地・墓石

　墓地が決まれば、墓石を建てます。

　墓石の形としては一般的には伝統的にも和型が一番多く受け入れられています。そのほかには洋型、デザイン型などがあります。最近は個性的なデザイン型を建てる人が増えています。

　イメージどおりのデザインにするためには石材店との打合せも必要です。

　また、民営墓地であれば大丈夫ですが、寺院墓地であればデザイン型を許可しない墓地もありますので確認が必要でしょう。

石材

　次に石材ですが、耐久性、磨いた際に艶が出るか、石の粒子は細かく均一か色ムラはないかなど、チェックも必要です。特に耐久性は重要です。硬度が高く、排水性など調べる必要があります。

　近年は国産より輸入石材が多く使用されています。価格も割安でありながら品質もそれほど悪いわけではないようです。

　ただ、一般のものが見分けることは非常に難しいことですので、信頼でき

【図表122　墓石】　一般的な墓石　現代墓石　　【写真123　霊標】

る石材店を選ぶことが重要になります。

刻む文字

　刻む文字を決めなくてはいけませんが、通常は、家名、戒名や俗名、没年月日、建立者、建立年月日など刻みます。

　宗派の名号「南無阿弥陀仏、南妙法蓮華経」などを刻むこともあるようです。最近は「愛」「絆」など好きな言葉を刻んだ洋型墓石も見受けられます。

　また、書体に決まりはなく好きな書体を選ぶことができます。

付属品が必要

　墓石には、付属品が必要です。

　基本的に必要な物は、花立て・水鉢、香炉・香立て、塔婆立です。

　花立ては取り外し可能なステンレス製などが主流のようです。水鉢は祀られた人ののどの乾きを潤すためのお墓の正面のへこみです。花立てと一体になっているものもあります。

　香炉、香立ては墓石の一番手前の線香を供えるためのもので、香炉は線香を寝かせてお供えするもので、香立ては線香を立ててお供えするもの、と2つのタイプがあります。

塔婆立は、法要などの際に卒塔婆を立てるもので墓石の背面に位置します。

そのほかには、家墓の場合にお墓に入った代々の人の戒名、俗名、没年月日、享年などを刻んでいく墓誌、灯篭、つくばい、名刺受け、物置台、化粧砂利、植木など、予算に余裕がある場合は必要に応じて設置するといいでしょう。

ただし、地域や宗派で付属品が違う場合もあるので、事前に確認が必要です。

(4) お墓参りと手入れ

お墓参りはお盆、彼岸、年の暮れなどにお参りする

お墓参りすることで、故人を偲び、自分の生き方を見つめなおす機会ともいえるでしょう。お墓参りは、お盆、彼岸、年の暮れにお参りすることが定着しています。祥月命日にも参る人も多いみたいです。

それ以外に、入学、結婚、出産などのお祝いごとがあった際の近況報告にお参りに行くこともいいでしょう。

お墓参りの時期は特に決まりはないので、仕事などで、お盆、彼岸などに行けない人も思い立ったときに、心の拠り所として行くこともいいでしょう。

お墓参りの基本は清掃、お供え、礼拝

お墓参りの基本は清掃、お供え、礼拝です。まずは掃除をしてから、墓前にお供えをし、合掌します。寺院墓地であれば、最初に住職への挨拶と本尊のお参りしてから、お墓参りするのが礼儀です。

お墓参りの必需品として、雑巾、たわし、ほうきなどの掃除用具、手桶と柄杓、礼拝のための、数珠、生花、お供え、線香、マッチなどです。

墓地によっては、手桶、柄杓は水場に備え付けられている場合が多く、掃除用具もある墓地もありますので、確認するといいでしょう。

代理墓参

お墓が遠くにある、高齢、病気などで行くことができないなどで、代理墓参として、近くの親戚や知人にお参りをしてもらうことがあるようです。

最近では、石材店、便利屋など、お墓参り代行サービスとして行っている

【図表124　一般的なお墓参りの手順】

① 墓地に入ったところで手を清めます。
　↓
② 墓前に一礼、合掌をします。
　↓
③ 墓石と周りを掃除します。
　↓
④ 生花やお供えをし、線香を立てます。墓石に水をかけることも個人の浄化を促し、のどを潤す意味で良いといわれています。
　↓
⑤ 数珠を持って合掌し、個人の冥福を祈ります。近況報告もともにするといいでしょう。
　↓
⑥ 最後に後片づけをします。古くなった卒塔婆は燃やします。

ケースがあるようです。

　プランも様々で、掃除と生花や線香、お供えをした後の写真を送っていただくようにできるようです。

(5) 新しい埋葬方法と供養方法

新しい供養方法

　日本では、少子化や核家族化による継承者のいない人が増加や、継承者がいたとしても、お墓参りの負担を子どもにかけたくないなどの理由で、永代供養墓、散骨など様々な新しい埋葬方法が増えています。

　また、手元供養などの新しい供養方法も関心が高まっているようです。

納骨堂

　納骨堂は遺骨を収蔵する施設で、主に都市部で利用が増えてきました。経営主体はお墓と同じく、公営、民営、寺院とあります。主に寺院によるものが多いようです。

　お墓とは違い、遺骨を土に埋めることはありません。遺骨は土中に埋葬し、土に還るというイメージがあり違和感がありますが、墓地の取得や墓石の購入に費用がかからないため、割安ではあります。

　収蔵期間は施設によって様々で契約更新という形で期間延長することが多

く、最近増えている永代収蔵も、遺骨を永久に個別で収蔵しておくケースと、個別に収蔵するが一定期間を経過した時点で、他の遺骨と合祀して埋葬するケースとあります。

永代供養墓

承継者がいなくても契約ができるお墓で、遺骨の管理や供養は、墓地の管理者が永代にわたって行う新しいお墓です。永代供養墓には、通常と同じく公営墓地、民営墓地、寺院墓地があります。

また、永代供養墓の形態は、単独墓、集合墓、共同墓の３つのタイプに分けることができます。

【図表125　永代供養墓の形態】

単独墓	・通常のお墓と同じように墓石を建てて納骨します。 ・三回忌、五十回忌などの期間で安置する期間が決められており、期間が過ぎると共同墓タイプに合祀されます。 ・単独墓には個人墓の他に２人で納骨できる夫婦墓などがあるようです。
集合墓	・単独墓タイプと同様に個別で納骨されますが、それぞれに小さな石碑などを建て全体として１つのお墓になっています。 ・単独墓と同じく、一定期間を過ぎると遺骨は共同墓に合祀されます。
共同墓	・永代供養墓で最も多いのがこれです。 ・血縁のない人々が一緒に埋葬され石塔などが建てられます。 ・多くの場合は、骨壺で納骨され、一定期間を過ぎると他の遺骨と合祀されます。

永代供養墓は増えつつあります。永代供養墓によって料金や供養方法も様々です。契約にあたっては、比較検討が望ましいでしょう。

このような永代供養墓は宗旨、宗派を問わないことが多いようです。寺院墓地の場合の供養はその寺院のやり方で行われます。

散骨

墓地に埋葬せずに海や山に遺骨を粉末状にしてまくのが散骨です。自然葬の１つです。散骨については、墓埋法には規定がありません。

近年、法務省の見解で、節度を以て行えば遺骨遺棄罪にあたらないと表明されてから、散骨を実施する業社も現れ、関心も高まっています。

散骨には特別な届出もありません。散骨ではすべてを自然に還すケースと、一部を分骨して行うケースがあるようです。
しかし、自治体によっては、条例で禁止しているところもあり確認が必要です。

そのほかの自然葬
そのほかの自然葬として注目されつつあるのが樹木葬です。山に墓地として許可を得た上で、遺骨を直接、土の中に埋め、墓標の代わりに樹木を植える樹木葬。遺灰をまいて、その上に木を植える散骨樹木葬。散骨樹木葬は遺骨をそのままでなく、粉末状にしてまくことから、樹木葬とは異なります。また、墓地としての許可は必要ありません。
そのほか、アルプスのモンブランにヘリコプターから散骨するモンブラン葬、遺骨をカプセルに入れ、宇宙に運ぶ宇宙葬（記録ビデオや証明書が付きます）など、このような自然葬は次々と新形態が現れてくることでしょう。

手元供養
遺骨をお墓に納めず、自宅で供養する方法で、自宅供養ともいいます。
故人といつも一緒に居たいという理由からが多いようです。法律上の問題はありません。
費用は抑えられますが、どこまで供養を続けられるかが問題でしょう。お墓の遺骨の一部を手元供養する方法もあります。
最近では、遺骨の一部を小型の骨壺に収めたり、指輪やペンダントにする方法もあるようです。

⑹ 墓を供養する者の気持ちも考える

墓を供養し守っていく子どもら子孫とよく相談して決める
葬儀のことはできるだけ自分で考えて決めることが重要であることは前に述べたとおりですが、墓の問題は少し違った観点から考えることが必要です。
何故なら、墓を供養するのは子どもら子孫だからです。例えば、散骨がよいと思っても、すべての遺骨をまくのは避けるべきです。すべて散骨してし

まうと、子どもら子孫が拝む対象が形として何も残らないことになり、どのようにして供養していいのか不安に感じてしまう可能性があるからです。

　墓の問題は、墓を供養し守っていく子どもら子孫とよく相談して決めることが肝要です。子どもらの気持ちを無視して墓の形態を決めると、誰もお参りしない墓となることにもなりかねません。費用との兼ね合いもありますが、最低限の形のある墓にして、子どもら子孫が供養に行ける墓がやはり必要なのではないでしょうか。

故人を偲び、また自らの生き方を見つめなおす

　最後に、遺骨を納めるというお墓に対しても、最近の葬儀形式同様、様々な形式が見受けられるようになりました。

　少子高齢化、核家族化という社会情勢の変化、宗教離れ、個性を重視する傾向など、様々な要因がありますが、人の死によって、葬儀、法要、お墓と、故人を偲び、また自らの生き方を見つめなおすという日本の美しき文化は大切にしたいものです。

参考文献

- 『安心と信頼のある「ライフエンディング・ステージ」の創出に向けて〜新たな「絆」と生活 に寄り添う「ライフエンディング産業」の構築〜報告書』　経済産業省　2011年
- 『おいしい定年後の年金・保険・税金マニュアル』　高木隆司　2011年
- 『介護のことがよくわかる本Ｖｏｌ．０７』（株）プロトメディカルケア　2012年
- 『改訂葬儀概論』碑文谷創　表現文化社　2003年
- 『心のこもった葬儀・法要のあいさつと手紙』　主婦の友社　2010年
- 『これだけは知っておきたい定年前後の生活設計2012年版』自由国民社　2011年
- 『これで安心　遺言のすべてＱ＆Ａ』社団法人民事法情報センター　2003年
- 『これならわかる＜スッキリ図解＞介護保険』　高野龍昭　2012年
- 『フューネラルビジネス白書2010』　総合ユニコム　2010年
- 『最期まで自分らしく生きる終活のすすめ』　丸山学　2011年
- 『最新葬儀業界の動向とカラクリがよ〜くわかる本』　吉川美津子　2010年
- 『選択して、決断する！定年後のお金と暮らし2012』朝日新聞出版　2011年
- 『総合専門誌ＳＯＧＩ通巻114号』　2009年
- 『総合専門誌ＳＯＧＩ通巻125号』　2011年
- 『総合専門誌ＳＯＧＩ通巻126号』　2011年
- 『第9回「葬儀についてのアンケート調査」報告書』　財団法人日本消費者協会　2010年
- 『仏事2007年1月号』　鎌倉新書　2007年
- 『仏事2011年8月号』　鎌倉新書　2011年
- 『分野別にみるＦＰ用語集【第5版】』　一般社団法人　金融財政事情研究会
- 『平成24年度版　社会保険の実務』　広報社　2012年

一般社団法人全国優良仏壇専門店会加盟店（五十音順）

お仏壇・墓石のあさの　　TEL022-384-3535
〒981-1224　宮城県名取市増田字柳田135-1

泉屋　　TEL06-6761-2005
〒542-0064　大阪府大阪市中央区上汐2-1-5

いわさき　　TEL04-2962-2563
〒358-0003　埼玉県入間市豊岡1-6-6

永樂屋　　TEL0749-22-1466
〒522-0031　滋賀県彦根市芹中町40

株式会社江頭仏壇店　　TEL0944-88-0001
〒831-0035　福岡県大川市津17-2

温古堂　　TEL0467-22-7676
〒248-0007　神奈川県鎌倉市大町1-9-25

金沢笠間仏壇　　TEL076-252-8001
〒920-0842　石川県金沢市元町2-16-8

河内屋　　TEL046-221-0269
〒243-0005　神奈川県厚木市松枝1-2-10

岸佛光堂　　TEL086-252-5065
〒700-0026　岡山県岡山市北区奉還町2-4-12

お仏壇の吉祥堂　　TEL0778-23-6600
〒915-0801　福井県越前市家久町28-3-1

ごんきや　　TEL022-266-5559
〒980-0022　宮城県仙台市青葉区五橋2-8-14

笹本石材　　TEL0299-82-1548
〒341-0031　茨城県鹿嶋市宮中1-10-10

三善堂　　TEL03-3845-3010
〒111-0042　東京都台東区寿2-9-13

四国佛心堂　　TEL0888-32-1233
〒780-8036　高知県高知市東城山町21-1

仏壇のシメノ　　TEL072-422-0193
〒596-0049　大阪府岸和田市八阪町1-4-18

朱宮神仏具店　　TEL055-235-3838
〒400-0032　山梨県甲府市中央4-3-4

佛壇の神田　　TEL058-262-7414
〒500-8054　岐阜県岐阜市大門町東別院前11

せいぜん　　TEL093-571-9999
〒803-0861　福岡県北九州市小倉北区篠崎1-6-2

お仏壇の千寿　　TEL0993-56-4678
〒897-0215　鹿児島県南九州市川辺町平山6546

仏壇の大黒　　TEL048-262-2323
〒333-0866　埼玉県川口市芝5-12-14

西本佛壇店　　TEL0796-72-5575
〒669-5244　兵庫県朝来市和田山町宮内82-1

ぬし与仏壇店　　TEL0594-22-1786
〒511-0068　三重県桑名市中央町4-8

八田神仏具店　　TEL0178-22-3818
〒031-0042　青森県八戸市大字十三日町21

ひるた仏具店　　TEL0282-27-0578
〒328-0113　栃木県栃木市都賀町合戦場708

株式会社ぶつだんのもり　　TEL088-669-1115
〒773-0014　徳島県小松島市江田町敷地前118-1

佛壇の升谷　　TEL018-824-3181
〒010-0921　秋田県秋田市大町1-4-37

お仏壇のまつや　　TEL029-291-0033
〒311-3116　茨城県東茨城郡茨城町長岡3523-39

三村松　　TEL082-243-5321
〒730-0033　広島県広島市中区堀川町2-16

総合仏事のむらもと　　TEL0547-37-2923
〒427-0022　静岡県島田市本通5-1-8

ヤマカ塩七　　TEL0197-65-1501
〒024-0084　岩手県北上市さくら通り3-17-10

吉運堂　　TEL025-373-2745
〒950-1475　新潟県新潟市南区戸頭1347-1

お仏壇のよねはら　　TEL011-511-7725
〒064-0804　北海道札幌市中央区南4条西2-2

著者略歴

柴崎　照久（しばさき　てるひさ）
公認会計士・税理士・行政書士
〒651-0084　神戸市中央区磯通3丁目1-2第三建大ビル603号
Tel：078-271-1465　Mail：actus@gaia.eonet.ne.jp
第1章・第2章担当

澤井　昭寛（さわい　あきひろ）
株式会社フィナンシャルサポート代表取締役
〒662-0015　兵庫県西宮市甲陽園本庄町6丁目25-204
Tel：0798-75-4501　Mail：a.sawai@financial-support.net
第1章・第2章担当

森本　幸弘（もりもと　ゆきひろ）
一般社団法人日本ラストライフプランナー協会理事長
〒651-0083　神戸市中央区浜辺通4丁目1-23三宮ベンチャービル502号
Tel：078-414-7831　Mail：keyaki@leaf.ocn.ne.jp
第3章担当

知ってトクする定年後のライフプラン

2012年9月14日　発行

監　修	一般社団法人全国優良仏壇専門店会
著　者	柴崎　照久　ⓒ　Teruhisa Shibasaki
	澤井　昭寛　ⓒ　Akihiro Sawai
	森本　幸弘　ⓒ　Yukihiro Morimoto
発行人	森　　忠順
発行所	株式会社セルバ出版
	〒113-0034
	東京都文京区湯島1丁目12番6号 高関ビル5Ｂ
	☎ 03（5812）1178　FAX 03（5812）1188
	http://www.seluba.co.jp/
発　売	株式会社創英社／三省堂書店
	〒101-0051
	東京都千代田区神田神保町1丁目1番地
	☎ 03（3291）2295　FAX 03（3292）7687

印刷・製本　モリモト印刷株式会社

● 乱丁・落丁の場合はお取り替えいたします。著作権法により無断転載、複製は禁止されています。
● 本書の内容に関する質問はFAXでお願いします。

Printed in JAPAN
ISBN978-4-86367-089-1